구름방

구름방

최원돈 수필집

첫 수필집을 내며

구름방에 앉아 하늘을 봅니다.

오월의 하늘은 맑고 푸릅니다. 해 질 무렵이라 앞산에는 이내에 싸여 푸르스름하고 흐릿한 기운만이 감돕니다. 강촌 집 어귀에 철쭉꽃이 활짝 피어났습니다. 은행나무는 긴 그림자를 드리웁니다. 마당에는 산딸나무가 하얀 꽃을 피웠습니다. 이제 곧 찔레꽃도 피어날 것입니다.

수필 공부를 시작한 지 어언 5년이 지났습니다. 그동안 내 삶의 흔적들을 써 보았습니다. 내 인생의 걸어온 자취입니다. 진솔하게 살려고 했습니다. 절실하고 애틋하게 살아온 시절이 새록새록 살아났습니다. 수필이라고 쓴 글들이 잡문에 지나지 않을까 심히 두렵지만 세상에 내어놓습니다.

수필은 자유로운 산문이라고 했습니다. "수필이란 엽차葉茶에서 우러난 차향茶香이다. 평범한 생활 속에서 진실을 깨치고, 그것을 아끼고, 또 음미하고 기뻐하고, 눈물과 사랑을 지닌 사람들이 서로 즐길 수 있는 글이다."라는 윤오영 선생의 말을 되새겨 봅니다. 지난 글에서 탈피하여 간결하고 군더더기가 없는 울림과 여운이 있는 수필다운 수필을 쓸 수 있도록 더욱 정진하겠습니다.

  그동안 현직에 있을 때는 직장 일에만 최선을 다하면 된다는 생각으로 앞만 보고 살았습니다. 은퇴하고 나서도 10년 동안을 못 해본 취미생활 하느라 정신없이 살아온 날들이 주변을 돌아보지 못했습니다. 남은 생은 주변을 보듬고 사랑을 실천하며 살고자 합니다. 긴 세월을 행복한집 식구들을 정성껏 보살펴 온 아내에게 깊은 고마움을 전합니다. 결혼 50주년을 기념해 이 책을 아내 허영숙에게 헌정(獻呈)합니다.
  뒷산에서 소쩍새 소리가 들려옵니다.

2024년 5월
최원돈
崔 元 燉

수필문학隨筆文學의 도道를 찾는 순례자

―최원돈 첫 수필집『구름방』상재에 부쳐

최원현

수필가·문학평론가·한국수필창작문예원장·한국수필가협회7대이사장

송산松山 최원돈 수필가가 첫 수필집『구름방』을 상재했다. 먼저 축하부터 보낸다. 왜냐하면 그의 수필 열정을 너무나도 잘 알기 때문이다.

그는 월간『한국수필』2020년 12월호통권 제310호로 늦깎이 등단을 했다. 늦깎이란 말속엔 다분히 "좀더 빨리 했더라면" 하는 안타까움과 아쉬움이 스며있다. 그것은 그가 얼마나 수필문학의 전선에서 열심히 가히 전투적으로 수필에 임하는가를 보았기 때문이다.

그는 월간『한국수필』에「벼루에 반하다」와「구름방」으로 등단했다. 벼루는 이미 그가 중견작가인 서예에 대함이고, 구름방은 바쁜 일상 속에서도 유유자적을 창조해 내는 그만의 삶 법

에 대함일 수 있다. 그러니 그의 등단작은 그와 그의 삶을 잘 표현한 것이라 할 수 있다.

그는 현재 한국서도협회 및 과천문화원 추사서예대전의 초대작가요 우리은행 동우회의 서예강사로 서예에 관한 한 정도의 경지에 도달해 있다. 그런 그가 뜬금없이 수필에 발을 들여놓으며 그만의 적극성을 보이더니 바로 등단에 이르렀다. 등단 전에도 이미 한국수필독서문학상 최우수상을 수상하며 글에 대한 재능을 인정받기도 했다.

그는 직장생활에서도 한국상업은행의 부지점장으로, 우리은행으로 합병 후엔 우리기업의 상무이사로 국무총리상을 받을 만큼 열심이었고, 경희사이버대학에서 더 공부를 하는 열정도 보였다. 그러니 그의 삶과 문학이 5년이라는 수필과 함께한 세월에선 종전의 삶보다 더 많이 바빠졌겠지만 그만큼 한결 더 윤이 나고 향이 나는 삶으로 빛나는 보람의 꽃을 피우고 있는 것이다.

특히 이번 수필집은 결혼 50주년을 기념하며 고희에 이른 아내에게 바치는 책이어서 더욱 의미가 크다. 거기에 단순한 취미 생활로가 아니라 삶을 보다 활기차고 윤택하게 하는 수단이요 방법이며 수필다운 수필을 써 보겠다는 작가의 각오와 다짐이 책의 전편에서 나타나는 호기로운 수필집이어서 더욱 보기 좋다.

그의 등단작이며 표제작인 「구름방」을 보면 그의 성격과 삶과 소망이 다 보여진다. '구름방'은 최원돈의 강촌 집이다.

"깊은 산속 초가 한 채가 매화 속에 묻혀있다." "매화 속 작은 초가는 반쯤 드러나 있다. 둥근 창 속 선비는 그림을 그리는가 책을 읽는가 한다. 나는 이 그림과 같은 집을 갖고 싶었다."

그렇게 소망하던 집이다. 그리고 그는

"다시 방으로 들어와 <매화서옥도梅花書屋圖>를 본다. 깊은 산속 매화 숲 아래 초목은 한가롭고 평화스럽다. 매화 꽃잎이 눈송이처럼 흩날리는 초가 둥근 창가에 한 선비가 앉아있다." 이게 최원돈의 지금 모습이다.

최원돈의 수필 중 「가난한 아내」는 등단 전의 작품이다. 한데 가장 진솔한 작품으로 감동적이다. 결혼 초기의 그의 삶이 현진건의 '빈처'에 곁들여 행복은 풍족함보다 사랑함에 있다는 걸 보여준다. 넉넉함이 행복이 아니고 부부가 함께 작은 것들을 이뤄가는 그 보람 속에 진정한 행복이 있음을 보여준다.

그는 결혼식 날 어머니가 돌아가셔서 상주喪主로 결혼 첫날밤을 보낸 스무 살과 스물다섯의 부부였다. 그런 그가 다섯 남매의 맏이로 살아온 간난의 세월 내내 이루고 모으며 살아온 세월이니 행복이 뭔지를 느끼기나 했겠으며 그런 여유가 있을 수나 있었겠는가. 하지만 그렇게 살아온 삶들이 행복이 되도록 살아온 그의 삶을 고백성사하듯 수필로 펼쳐 놓았다. 이처럼 최원돈의 수필은 더함도 덜함도 없이 순수하게 자신의 삶을 보여준다.

「는개」를 통해서는 사람이 곧 글이라는 생각을 입증한다. 그는 늘 아내를 생각한다. 반려자와 배우자, 어쩌면 혼자서는 살 수 없는 것이 유독 인간이 아닐까싶다. 그래서 부부는 반려자이고 배우자다. 함께 한 방향을 향해 가는 하나가 아닌 둘, 둘이면서 하나인 것이 바로 부부가 아닐까.

우리는 는개를 맞으며 이곳까지 걸어왔다. 모자를 벗어 옷자락에 묻은 빗방울을 툭툭 털고 커피숍으로 들어가 '스카이워크' 너머 '쏘가리동상'을 바라보며 뜨거운 커피를 마신다.
아내는 는개 속을 걸으며 무엇을 생각했을까. 산다는 것은 무엇일까. 우리도 서로에게 내리는 촉촉한 는개처럼 그윽한 그리움으로 스며들 수 있을까.
나는 너에게 너는 나에게

―「는개」 중에서

그들이 함께 걸어왔던 삶의 는개길, 결코 밝고 편한 길일 수 없던 길이었기에 비로소 빗방울을 털어내며 커피숍으로 들어가 걸어온 길을 돌아보며 뜨거운 커피를 마시는 그, 그러면서 이 날토록 함께 그 길을 걸어왔던 아내는 과연 어떤 생각을 했을

까가 궁금한 작가, 그가 새롭게 생각한 것은 바로 산다는 것은 서로에게 내리는 는개 같은 그윽한 그리움을 나는 너에게 너는 나에게로 스며들게 하는 것이 아닐까라고 한다. 그렇게 생각하는 작가의 깨달음은 앞으로 살아갈 날의 소망으로 그리고 고희를 맞은 반백 년을 함께 해 온 아내에 대한 감사와 사랑의 마음으로 스며드는 따스하고 정겨운 작품들이 된다.

　최원돈은 수필집을 총6부로 나누어 61편을 싣고 있다. 각 부의 소제목을 통해 그는 그의 생각을 보이고 있다. 1부를 '가난한 아내'로 한 것은 아내에 대한 고마움 뿐 아니라 50년 동안 살아온 그의 삶이 아내가 있기에 가능하단 감사와 고백이고, 2부 '구름방'은 그가 소망하던 것을 펼쳐내며 행복을 만들어가는 모습을 보여주고 있으며, 3부와 4부는 아직도 하고싶고 이루고 싶은 것들에 대한 소망이며, 5부는 그의 독서록이다. 그리고 6부는 앞으로 삶을 어떻게 펼쳐갈 것인가의 기대와 바람 그리고 나를 바로보기이다. 이처럼 최원돈은 삶 자체를 조금도 허실 없이 알곡의 챙김으로 본을 보이면서 그에게 주어진 삶의 모든 순간순간들을 그만이 갈 수 있는 길로 나아가고자 한다. 거기에다 늦다고 생각한 때가 가장 빠른 때라는 생각으로 수필문학에 대한 열정을 누구보다 강하게 내보이며 다양한 글쓰기로 그만의 길을 가는 수필문학의 순례자가 되고자 한다. 그렇기에 그의 수필 편편마다 새로운 사유들이 펼쳐지면서 삶이 문학이 되는 아름다운 본을 보여주고 있다. 그의 이러한 수필문학의 도를 찾는 순례자로의 여정이 더욱 빛나고 향기로운 길이 되길 바란다. 결혼 50주년에 내는 첫 수필집 상재를 온 맘으로 축하한다.

최원현 수필가 · 문학평론가
사)한국수필가협회명예이사장·한국수필창작문예원장·한국문협부이사장(역).
국립세계문자박물관·범우문화재단·국제펜한국본부·서울문학광장 이사

차례

첫 수필집을 내며 4

최원현 | 수필문학隨筆文學의 도道를 찾는 순례자 6

1 가난한 아내

매화　18

가난한 아내　21

경칩　27

깊고 푸른 밤　30

벼루에 반하다　35

할아버지의 기도　40

가을 심사心事　45

쌍화차를 마시며　49

달래 이야기　53

동지 팥죽　59

눈길을 걸으며　63

내가 좋아하는 것들　67

2. 구름방

구름방 76 | 봄의 흥취春興 80

상춘곡 85 | 수선화 89

찔레꽃 93 | 달밤 97

소금 담그기 100 | 구절초 필 때 103

섣달 스무아흐렛날 108 | 안단테 안단테 112

3. 귀거래사

간이역 118 | 귀거래사 122

귀로歸路 126 | 나에게 알라딘 램프가 있다면 131

백불암 선조 간찰 136 | 그리운 아부지 143

어머니의 제삿날 151 | 이룰 수 없는 꿈 154

작은아버지 160 | 한국전쟁의 영웅 168

4. 못다 이룬 꿈

게르 위에 뜬 샛별   174
裸木, 그리고 박수근   178
달빛 소나타   184
못다 이룬 꿈   186 ǀ 하늘길 트레킹   189
에델바이스   196 ǀ 최순우 옛집   200
피천득 다시 읽기   204 ǀ 강화도 유감遺憾   210
글 속의 그림   216

5. 이 한 권의 책

그리움   230 ǀ 금병산 문학의 뜰   238
나는 처음부터 바람이었다   244
세한도   248 ǀ 시무 10조   255
일송 윤덕선 평전   259
편운재 상념   268 ǀ 훈민정음   272
이 한 권의 책   280
이 거대한 파도 어떻게 할 것인가   287

6. 남은 인생 10년

여수 밤바다　298

설중매　300

섬 그대 머물다　304

노자처럼 살고 싶다　309

마중 카페에 뜬 초승달　314

불이선란　318

또 다른 서울의 봄　323

는개　330

남은 인생 10년　333

1.
가난한 아내

  스무 살 어린 아내가 무얼 알았겠느냐마는 아내는 시집올 때 가져온 요리책을 보며 음식도 척척 만들었다. 돌아가신 어머니가 남겨놓은 반짇고리에서 천을 찾아 작은 창문에 커튼도 만들어 달았다. 동생들과는 오누이처럼 사이좋게 지냈다. 어머니가 돌아가신 뒤 오랜만에 우리 집에는 화기가 돌았다. 나는 이런 아내가 한없이 좋았지만 제대로 표현은 못 했다.

매화

두 달 가까이 논현동 집을 비워 두고 있다. 코로나 때문이다. 삼월 들어 보름 만에 집에 왔다. 서재로 올라가 먼지를 닦고 옥상으로 나간다.

화단의 나무들에는 제법 봄기운이 돌고 있었다. 주인이 집을 비워 두었지만 나름대로 제각기 제모습을 나타내고 있다. 꽃매화는 분홍색 꽃망울을 터트리고, 서실 안쪽 백매白梅는 하얗게 봉오리를 올린 채 수줍은 듯 서 있다.

酸脚道人無坐性 (산각도인무좌성)
閉門十日爲梅花 (폐문십일위매화)

앉을 성품 못 되어 이리저리 어정대는 도인
문 닫고 열흘 동안 매화 피길 기다린다

상허는 추사 글씨 한 폭을 얻은 후 어서 겨울이 되어 이 글씨 아래 매화 한 분盆을 들여놓고 '폐문십일閉門十日'을 해보는 것이 간절한 소원이었다.

　매화란 고운 꽃이기보다 맑은 꽃이요 달기보다 매운 꽃이라 그러므로 색 있는 것이 그의 자랑이 못 되는 것이요 복엽(複葉)이 그에게는 무거운 옷이라 단엽백매(單葉白梅)를 찾으려 꽃이 피기 전부터 다닌 것이 도리어 탈이었던지, 봉오리 맺힘이 적고 빛깔이 푸르기만 한 것으로 골라 사 왔더니, 봉오리는 차츰 붉어지고 피는 것을 보니 게다 복엽까지라 공작과 같은 난만(爛漫, 꽃이 피어 무르익은 모양)은 있을지언정 제 어찌 단정학(丹頂鶴, 머리 꼭대기가 붉다)의 결벽을 벗할 수 있으리오.(『무서록』상허 이태준)

　상허는 실망해 영하 10도가 넘는 날 밤 누마루에 내버려두었더니 수선과 난초는 얼어 버렸지만 홍매紅梅만은 꽃술이 또렷또렷해 반겼다.
　문득 우리집 매화가 상허가 그토록 갖고 싶어 찾으려 했던 단엽백매單葉白梅가 아닐까 하는 생각이 든다. 옛 선비들이 매화의 아취雅趣, 멋있는 취미를 사모한 설중매雪中梅도 단엽백매였으리라.
　옥상 매화는 처음 심었을 때 그대로이다. 십오 년이 훌쩍 지났지만 무슨 연유緣由에서인지 좀처럼 크지도 죽지도 않고 그 연약한 생명을 꿋꿋하게 지탱하고 있다. 해마다 몇 가지에서 피는 하얀 꽃을 볼 때마다 가냘픈 여인의 모습을 보는 듯 안쓰럽다.

  올해는 이 꽃을 제대로 볼 수나 있을지 모르겠다. 내일이 지나면 또 강촌으로 가야 한다. 날씨가 따뜻해져 하얀 꽃망울을 터트려 주었으면 좋으련만.

  해맑은 하얀 매화꽃이 보고 싶다. 청초한 매화 향이 그립다.

(2020. 03. 13.)

가난한 아내

 김용준의 『근원수필』을 읽었다. 「원수원과 정판교와 빙허와 나」라는 수필이다. 근원近園은 김용준의 호이며 『근원수필』은 그의 대표작이다. 빙허憑虛는 현진건의 호이며 「빈처」는 그의 자전적 소설이다.
 빙허가 처녀작 「빈처」를 『개벽』에 발표했을 때 근원은 중학생이었다. 그는 「빈처」를 읽고 감격해 그를 만나고 싶다고 편지를 보냈다. 빙허도 화답을 보냈고 근원은 여러 번 같은 자리에 앉아 보기는 했으나 용기가 없어 말을 건네지 못했다. 십여 년 세월이 지나 빙허는 가냘프던 체구가 뚱뚱한 은행가의 체구로 변해 그 뒤로 그에 대한 호기심은 사라져버리고 빙허를 만날 것을 단념했다. 그런데 돌연히 빙허가 죽었다는 기사를 보고 근원은 전농동 빙허의 집에 조객으로 찾아갔다.

 그러나 빙허는 이미 나와 통성명할 처지는 아니었다.
 '아무도 빙허와 내가 인사 없는 자리인 줄은 몰랐으리라.'

돌아서면서 나는 솟는 눈물을 금할 길이 없었다.(「근원 수필」)

나는 빙허와 근원의 사연을 읽으며 마음이 찡해왔다. 「빈처」를 읽고 얼마나 감동했으면 빙허를 만나고 싶어했을까. 빙허가 죽고 나자 그는 또 얼마나 후회했으면 솟는 눈물을 참지 못했을까. 나는 현진건의 「빈처」를 찾아 읽었다.

「빈처」는 무명작가인 빙허가 자신의 아내를 모델로 삼아 쓴 자전적 소설이다. 그는 열여섯 살에 두 살 위인 아내와 결혼했다. 무명작가인 자신이 수입이 없어 아내가 전당포에 잡힐 '모본단 저고리'를 찾는다. 내일 아침거리를 장만하기 위해서다. 아내와 결혼한 뒤 돈 한 푼 벌어오지 못해 아내는 그동안 처가의 도움으로 살아오다 급기야 아내가 시집올 때 장만해온 옷가지마저 전당포에 잡힐 지경이 됐다. 처량한 생각에 잠겨 내심 아내에게는 미안한 마음이었지만 내색은 하지 못했다.

장인 생신날 마지못해 부부 동반하여 처가로 갔다. 처가에 모인 처형과 아내의 모습을 보니 너무 대조적이었다. 부유한 모습의 처형과 초라한 모습의 아내. 처형은 돈 잘 버는 남편을 만나 비단옷을 입고 있었다. 사람들이 자신의 초라한 모습을 얕잡아 보는 것 같고 쓸쓸하고 괴로운 생각을 잊으려고 술을 잔뜩 마시고 크게 취해 장모가 인력거를 불러 집으로 보냈다.

집으로 돌아와 잠에서 깨어 아내가 처가에서 가져온 음식으로 저녁을 차려 먹은 후 아내는 처형의 눈 위에 멍든 것을 이야기했다. 처형은 남편이 쌀 투기로 돈을 번 뒤 주야로 기생집을 돌아다니며 이를 탓하는 처형을 걸핏하면 때린다고 했다. "없으면 없는 대로 살아도 의좋게 지내는 것이 행복이야요."라는 아내의 말에 흡족하게 생각했다. 이틀 뒤 처형이 집으로 찾아와 아내에게 신발 한 켤레를 주며 한바탕 남편 욕을 해댄 뒤 떠났다. 아내는 처형이 사 온 신발을 들고 좋아했다.

이 글을 읽으니 지난날 나의 아내가 생각났다. 우리는 결혼하고 부산에 있는 집에 신혼살림을 차렸다. 부모님이 고생하며 살던 집이다. 두 분 모두 돌아가시고 동생들만 남겨진 집이다. 말이 신혼이지 다섯 식구가 두 칸 방에 살아야 할 낡은 집이었다. 그러나 아내는 불만을 내색하지 않았다. 나는 이런 아내가 한없이 좋았지만 제대로 표현은 못 했다. 스무 살 어린 아내가 무얼 알았겠느냐마는 아내는 시집올 때 가져온 요리책을 보며 음식도 척척 만들었다. 돌아가신 어머니가 남겨놓은 반짇고리에서 천을 찾아 작은 창문에 커튼도 만들어 달았다. 동생들과는 오누이처럼 사이좋게 지냈다. 어머니가 돌아가신 뒤 오랜만에 우리 집에는 화기가 돌았다. 나는 이런 아내가 한없이 좋았지만 제대로 표현은 못 했다.

나는 군에서 제대하고 제일물산에 취직했다. 쥐꼬리만 한 월

급으로 다섯 식구가 살기에는 너무나 빡빡한 살림이었지만 아내는 항상 웃으며 씩씩하게 모든 걸 맡아 나갔다. 내가 다니던 공장에서는 화학제품을 생산해 매달 장화를 두 켤레씩 지급했다. 한 달에 한 켤레면 견딜만해 한 켤레는 집으로 가지고 와 아내에게 주면, 아내는 이것을 가지고 시장에 나가 푸줏간에서 돼지고기랑 바꾸어 왔다. 식구가 많아 비계 달린 쪽으로 받아 왔다. 비계 달린 돼지고기 김치찌개는 우리 집 명물이 되었다. 친구들도 걸핏하면 소주를 사 들고 와서 아내보고 김치찌개를 해달라고 했다.

우리 부부는 낡은 집을 헐고 새집을 짓기로 했다. 가진 돈은 없었지만, 집이 낡아 비만 오면 물이 새 도저히 살기 힘든 지경이라 용기를 냈다. 집을 짓는 동안 나는 야간근무를 하고 낮에 집을 지었다. 모래를 나르고 벽돌과 블록도 나르며 열심히 일했다. 밤에는 공장에서 일하고 낮에는 집을 지으려니 고생이 이만저만 아니었지만 나는 아내의 도움에 힘입어 견뎌 나갔다. 아내도 이런 나를 힘껏 도왔다. 목수나 미장 등 특별히 기술을 필요로 하는 일 말고는 모두 아내와 함께 처리했다. 이윽고 집이 완공됐다. 방 4개에 거실 마루와 부엌이 딸린 멋진 집이 만들어졌다.

소식을 듣고 대구 숙부님이 오라고 해서 갔더니 그동안 집 짓느라 고생 많았다고 격려해 주셨다. 숙모님은 대문을 만들어

달라며 제법 많은 돈을 봉투에 넣어 주었다. 그때 우리는 새집에 대문을 못 해 달고 있었다. 부산으로 돌아오는 길에 칠성시장에서 사과를 샀다. 흠이 있는 벌레 먹은 사과를 한 보자기 사 왔다. 아내는 함박웃음으로 반기며 내가 사 온 사과를 맛있게 먹었다. 지금도 아내는 그때 먹은 사과 맛을 잊을 수 없다고 한다. 나는 그날 아내를 힘껏 안아 주었다.

빙허는 「빈처」를 발표하고 문단의 주목을 받아 작가로 발판을 굳혔다. 근원은 빙허를 생전에 만나지는 못했다. 그는 "수원과 판교'는 20년 후에야 서로 만났다지만 빙허와 나는 이백 년 후이면 혹 만날 날이 있을는지."라고 한탄했다. 근원은 「빈처」를 읽고 왜 빙허를 만나고 싶었을까. 근원은 빙허의 「빈처」를 읽고 감동하고 가난한 아내를 가진 빙허가 부러웠던 것일까.

부산집을 짓고 나서 아내는 3남매를 낳았다. 동생들도 모두 자리를 잡았다. 나는 제일물산을 그만두고 부산은행에 취직했다. 두 해 후 상업은행으로 옮겨 부산집을 떠나 서울로 올라왔다.

「빈처」를 읽으니 옛날 생각이 난다. 가난했던 그 시절 예쁘고 곱던 아내가 그립다. 오늘따라 아내가 더욱 사랑스럽다.

설 쇠고 요양병원에 계시는 숙부님을 찾아뵈어야겠다.

(2020. 1. 9.)

*수원과 판교 : 판교 정섭은 청나라 때 화가이자 시인으로 문학과 예술에 능했다. 수원 원매는 청대 문인으로 이름난 시인이었다. 판교는 수원을 흠모하여 만나고 싶었지만 수원이 죽었다는 소식을 듣고 발을 구르며 대성통곡했지만 잘못 알려져 20년 후에 서로 만났다.

경칩

아침에 아내가 행복한집 단톡방에 카톡을 올렸다.

최지영 선생님 생일 축하해요.^^ 새 학기라서 많이 바쁜가 보구나. 가족들과 저녁에 맛있는 식사하면서 행복한 생일 보내요.

제가 먼저 보내려고 했는데~ 엄마 낳아 주어 고마워요. 좋은 일 할 수 있게 뒷받침해 주셔서 고마워요! 코로나에 하는 새 학기라 너무너무 바쁘지만 즐겁게 하고 있어요. 인생을 긍정적으로 살 수 있도록 해 주셔서 아빠 엄마 정말 고맙습니다.

큰딸 지영이의 생일이다.
1976년 3월 5일 오후 9시 30분, 아내는 우암동에 있는 산파한테 가서 아기를 낳았다. 나는 집안 청소를 했다. 아기를 낳으러 해가 있을 때 집을 나갔는데 해가 저물어 밤이 깊었는데도 소식이 없었다. 그 시절에는 아기 낳는데 남편이 가는 일도 없었고 그런 생각도 하질 못했다. 그냥 걱정만 하며 무언가 경건한 마음으로 할 수 있는 일이 걸레를 가지고 마루와 방을 깨끗하게 닦아야겠다는 생각을 했다. 평소에는 모두 아내가 하던 일이다.

밤늦게 아내가 아기를 안고 집으로 왔다. 방으로 들어와 아내와 함께 누워있는 아기를 보았다. 아기 얼굴은 까맣고 머리가 길쭉했다. 첫애라 아내는 엄청 힘들게 아기를 낳았다고 했다. 경칩 날 세상에 나오느라 얼마나 힘들었을까.

아침 운동을 하면서 카톡을 보았다. 네째 손녀 서혜가 이모 생일을 축하해 주었다. "생일 축하해요. 이모~ 오늘 하루 세상에서 제일 행복하세요.~"

행복한집 식구들 모두 생일 축하를 하느라 야단이다. 그중에 서혜와 다혜의 카톡이 압권이다. 생일 저녁으로 칼질을 한다니까 서혜 별님은 "칼질하는 게 뭐가 좋으냐."며 고기는 "퍽퍽해서 잘 안 잘린다."고 하니 동백꽃 다혜는 "부드러운 고기도 있어."라고 했다.

운동을 마치고 집으로 오면서 아내에게 물어보았다.

"지영이 낳았을 때 해산구완解産을 돕는 일은 누가 했어요."

"그때 엄마가 와 있었어요."

"그랬군요. 나는 왜 장모님 생각이 나질 않지."

그때 나는 제일물산에 다니고 있었다. 다행히 새집을 짓고 난 뒤였다.

오늘은 경칩이다. 개구리가 잠에서 깨어난다는 날이다. 24절기 중 세 번째 절기이다. 우수와 경칩은 새싹이 돋는 것을 기념하고 본격적인 농사를 준비하는 절기이다. 경칩이 되면 삼라만상이 겨울잠을 깨고 새로운 한 해가 시작한다.

이렇게 좋은 날 첫 딸이 태어나고부터 우리 행복한집 식구들이 늘어나기 시작했다.

(2021. 3. 5.)

깊고 푸른 밤

38층에서 보는 야경은 은하수를 보는 듯했다. 반짝이는 불빛들은 하나하나 무수히 많은 별이 되어 흘러간다. 깊고 푸른 밤. 철로 위로 하얀 불빛을 비추며 기다란 기차가 오간다. 한번은 내려오고 또 한번은 올라간다. 어디로 가는 걸까.

아침부터 큰딸이 카톡을 보냈다.
"아빠, 오늘 4시부터 체크인이에요. 조금 일찍 가서서 라운지에서 커피도 드실 수 있어요." 점심 무렵이 되니 비가 내리기 시작했다. 지하철을 타고 가려다 그만두고 차를 가져가기로 했다. 특급 호텔에 가면서 우산 들고 궁상을 떨 생각을 하니 이건 아니라는 생각이 들었다. 결혼기념일이라고 큰딸이 서울에서 야경이 아름답기로 소문난 '쉐라톤 서울 큐브 시티호텔'을 예약해 주었다. 안중에서 교직에 있는 딸이 꼭 한번 가보고 싶다며 오래전에 예약해 두었는데 우리에게 보낸 선물이다.

올림픽 도로에 들어서니 비는 점점 세어진다.

"오늘 야경은 틀린 것 같소."

"그러게, 말이에요. 하필 오늘따라 비가 올 게 뭐람."

아내는 볼멘소리로 투덜댔지만 들뜬 목소리다. 오전 내내 무얼 입고 갈까 하더니 한껏 차려입고 나선다. 영등포역 앞을 지나 오목교를 건너니 호텔 건물이 우뚝 솟아 있다. 41층 로비 라운지에선 벌써 체크인을 하고 있다. 전화로 매니저에게 딸을 연결해 주니 이 호텔에서 전망이 제일 좋다는 코너룸으로 배정해 준다.

"오늘 비가 이렇게 오는데 코너룸이 소용 있겠어요."

"그래도 비가 갤 수도 있지 않겠어요."

"그럴 수도 있겠군요."

3803호 객실은 아늑하다. 아내는 창문 커튼을 젖히고 바깥부터 살펴보더니 욕실 문을 열어 본다. "이렇게 높은 곳에서 자보기는 처음이네요. 바깥을 보면서 반신욕도 할 수 있어요." 라며 어린애처럼 큰 소리로 말했다.

체크인하며 물어보니 저녁 식사는 간단한 식사와 와인을 제공한다고 했다. 결혼기념일이라 근사한 저녁을 기대하며 호텔을 내려와 백화점 식당가로 갔다. 백화점 식당가를 둘러보았지만 마땅한 곳이 보이지 않자 아내는 쌀국수나 먹자고 했다. 근사한 저녁을 위해 나왔는데 고작 쌀국수라니 하는 생각이 들었지만 그냥 먹고 나왔다.

　호텔의 저녁 서비스를 받기 위해 클럽 라운지로 갔다. 사람들이 일찍부터 나와 자리를 차지해 한쪽 테이블에 자리를 잡았다. 풀코스 뷔페는 아니지만 그런대로 근사한 푸드바였다. 접시에 음식을 잔뜩 담아 와인 두 잔을 들고 오니 훌륭한 만찬이 되었다. 우리는 웃으면서 이럴 줄 알았으면 쌀국수를 먹지 말걸 그랬다며 와인 잔을 들어 건배했다. 저녁을 두 번 먹는 꼴이 되었다.

　얼큰하게 취해 호텔 방으로 돌아오니 창밖에 비는 조금 줄었지만 아직도 운무 속에 갇혀 있다. 하지만 구름 속에 반짝이는 불빛들이 별빛이 되어 마치 은하수를 내려다보는 듯했다. 깊고 푸른 밤이다. 아내는 불을 끄고 침대에 걸터앉아 창밖을 내다본다. 도로 위로 차들의 긴 행렬은 오작교 같다. 곧 하늘에서 견우와 직녀가 내려올 듯하다. 우리는 맥주 캔을 들고는 아예 카펫 바닥에 앉아 깊어가는 푸른 밤을 하염없이 내려다본다.

　갑자기 젊은 시절이 떠올랐다.

　'47년 전 우리는 이십 대 청춘이었지. 충무로 스카라극장 건너 2층 다방 안에는 담배 연기로 자욱했었지. 푸른 담배 연기 속으로 음악이 흘러나왔지. <부루나이트 요코하마> 선율이 다방 안을 울려 퍼지고 우리는 음악에 젖어 들었지. DJ박스 안에서는 디제이가 젊은이들을 유혹했지. 나는 아내를 만나 세상을 모두 얻은 듯했었지. 그리고 우리는 결혼했었지…'

나는 가물거리는 잠 속으로 빠져들었다. 한잠을 자다 깨어보니 아내는 침대에서 잠이 들었고 창밖은 비가 그쳐 깊고 푸른 밤은 더욱 빛나고 있다.

새벽에 일어나 창밖을 보니 멀리 관악산이 안개 속에 묻혀 있고 빌딩 숲 사이로 햇살이 비쳐온다. 우리는 28층에 있는 사우나로 갔다. 탕 속에서 보는 아파트와 빌딩 숲이 아름답다. 땅 위에서만 보던 풍경과는 사뭇 달라 보인다. 옹기종기 군데군데 들쑥날쑥 솟아 있는 건물들이 아침 햇살에 빛나고 있다. 유럽풍 지붕을 한 아파트도 성냥갑 같은 빌딩들도 모두가 아름답다.

조식 뷔페는 해외여행에서나 맛볼 수 있는 음식들로 가득하다. 크루아상과 샐러드, 베이컨과 소시지로 가득하다. 햇살 가득한 여의도 빌딩 숲을 보면서 조찬을 마음껏 즐긴다. 그런데 모두가 젊은 사람들만 보인다. 젊은 연인들 아니면 젊은 부부들이 아이들과 함께 식사하고 있다. 나이 먹은 사람이라고는 우리 부부밖에 없다. 창밖으로 보이는 도시는 말쑥한 모습으로 평화롭게 보였지만 이곳이 내가 사는 세상인지 왠지 낯설게만 느껴진다.

　이제 결혼한 지도 47년이다. 앞으로 얼마나 이런 즐거움을 누릴 수 있을까. 지금 나에게 가장 중요한 것은 무엇일까. 앞으로 남은 인생은 어떻게 보내야 하는 걸까. 어떻게 사는 것이 내 인생의 가치와 보람과 의미를 위한 삶일까. 후회 없는 삶을 살려면 무엇을 해야 할까.

　우리 어떤 별이 되어 깊고 푸른 밤을 빛내어 줄 수 있을까.

(2021. 5. 29.)

벼루에 반하다

　나이 들며 느끼는 것은 무엇에도 마음을 뺏기는 게 줄어들었다는 점이다. 그런데 독서토론회를 마치고 문우들과 식사하는 자리에서 선생님이 수저를 싼 종이의 '반하다'라는 문구를 보더니 수필을 한 편 써보라 하셨다.

　반하다. 사람이나 사물을 보고 마음을 홀딱 빼앗길 정도로 좋았을 때 쓰는 말이다. 생각해보니 나이 들수록 새로운 사람 사귀기도 어려운 것 같다. 그뿐만 아니라 한때 그렇게도 좋았던 사이조차 세월의 때가 끼면 시들해진다. 사물도 그러기는 매한가지다. 그러나 아직도 마음에 드는 것을 보면 마음을 빼앗길 때도 있다.

　지난해였다. 황학동 벼룩시장에 갔을 때다. 은퇴 후 서예를 하면서 간혹 들르는 곳인데 여기엔 별의별 물건이 다 있다. 나는 주로 책을 사는데 가끔은 마음에 드는 물건이 나오면 사기도 한다. 그날은 후미진 구석 가게를 들렀는데 조그만 벼루 하나가 눈길을 끌었다. 작은 책 크기의 벼루였다. 벼루를 몇 개 산적은 있었지만, 이것은 좀 특이했다. 앞면에 그림이 새겨져 있고 작은 연지硯池도 있는 벼루였다. 한눈에 마음에 쏙 들었다. 얼른 값을 치르고 집으로 가지고 왔다. 서재에 있는 옛날 서안書案 위에 연적과 함께 놓아두었다.

 반하다는 글귀를 생각하니 갑자기 이 벼루가 생각났다. 벼루를 가져와 책상 위에 올려놓고 찬찬히 보았다. 까만 오석烏石인데 세월의 흔적인지 색이 조금 바랜 듯도 하다.

 벼루 앞면을 들여다본다. 오른쪽 위로 구름이 새겨져 있고 왼쪽에는 버드나무 한 그루가 제법 크게 그려져 있다. 휘어진 버드나무 연못가엔 돌 몇 개가 둘려있다. 구름 아래 흐르는 시냇물 위로 작은 오리 한 마리 떠 있다. 벼루 가운데 동그란 연못인 듯 연지가 있고, 오리가 이곳을 향해 헤엄쳐 오고 있는 산수 그림이다.

 뒷면에는 "光緖三十二年 夏日 靑"이라 새겨져 있다. 광서32년은 1906년인데 청나라 8대 덕종 광서제의 연호다. 광서제는 비운의 황제였다. 네 살에 즉위하였으나 자희태후가 수렴청정했다. 34년을 재위했지만, 실권을 쥐지 못하고 38세로 병사했다. 우리나라는 고종 황제 시절이었다. 청나라 조선이나 다 외세에 시달려 망해가던 시절이었다.

 벼루를 만져보니 매끈매끈하고 보드랍다. 새겨진 그림 부분은 파여 볼록하기도 했지만 아주 부드럽게 연마해 놓은 듯하다. 그동안 이 벼루를 만졌을 사람들의 손길이 느껴진다.

어떤 사람이 만든 것일까. 아마도 심성이 아주 고왔던 사람이 아닐까 하는 생각이 든다. 새겨놓은 그림을 보아도 그렇고 만져진 감촉은 더욱 그렇다.

누가 사용했던 것일까. 망해가는 왕조, 임금은 허수아비다. 외세에 짓눌려 나라는 위태롭다. 제대로 된 인재가 등용될 리 없다. 아마 이 선비는 안타까웠을 것이다. 제대로 뜻을 한번 펴 보지도 못하고 산천에 묻혀 자연을 벗 삼아 글이나 쓰면서 살았던 은둔隱遁 처사處士가 아니었을까.

다시 한번 벼루를 들여다보다 두 손으로 쓰다듬어도 본다. 100여 년 전 한 선비가 말을 걸어온다. '여보게 벼루주인! 세상살이 별것 아니네. 하고 싶은 것 하고 그렇게 살게나. 어차피 이 벼루의 주인이 되었으니 열심히 글이나 짓고 이 벼루에 먹을 갈아 글씨나 쓰면서 말일세. 하하하.'

나는 이 벼루에 이름을 지어주기로 했다. '雲柳鴨池 山水硯운류압지 산수연' 구름 버드나무 연못에 노니는 산수 그림 벼루, 줄이면 '鴨池硯압지연' 즉 오리 연못 벼루이다. 오리는 새 중의 으뜸이라 장원급제를 의미한다고 한다. 은퇴한 초로初老가 무슨 장원급제를 꿈꾸겠는가마는 압지연을 벗 삼아 글이나 짓고 일필휘지로 글씨나 써보는 꿈을 꾸어보는 것이다.

그렇게 압지연을 다시 보고 만져보고 하며 그만 홀딱 반하고 말았다. 서안 위에 다시 놓고 연적硯滴 속 맑은 물을 연지에 채우니 벼루가 살아서 움직이는 듯하다.

벼루야 벼루야! 너는 어떻게 나한테까지 왔느냐? 그래, 고맙다 친구야. 우리 함께 한세상 멋있게 한번 살아보자꾸나.

(2020. 『한국수필』 12월호. 신인상)

박관약취(博觀約取) 후적박발(厚積薄發)

두루 보되 요점을 취하고 두텁게 쌓되 이를 경솔히 외면에 나타내지 않아야 한다는 뜻이다. 폭넓게 두루 읽되 가려 취하며(博觀而約取), 두텁게 쌓되 천천히 풀어 나가야 한다.(厚積而薄發)

할아버지의 기도

봉은사 홍매화는 아직은 피지 않았다. 겨우 발갛게 꽃망울만 맺혀 있다. 지난해 이맘때 홍매화가 피었다. 행복한집 옥상 홍매화도 분홍색 맑은 꽃망울이 한껏 부풀어 피어 있었다.

강촌 다락방 서재에서 책을 읽는데 갑자기 휴대전화가 울렸다. 놀라 전화를 받았더니 정 서방의 다급한 목소리가 들려왔다. 작은딸이 양수가 비친다며 빨리 병원으로 가야 할 것 같다고 했다. 지금 일 때문에 김천에 내려와 있다고 했다. 서둘러 집을 나서 고속도로를 빠져나와 퇴계원에 이르니 북한산에 하얀 그믐달이 산마루에 걸려 있었다.

그날 오후 세복이가 태어났다. 예정일보다 빠른 분만이라 상태가 좋지 않아 큰 병원으로 옮긴다고 했다. 보름이 지나 퇴원해 집으로 돌아올 때까지 속을 태웠다.

세복이 사주에 '불 火'자와 '해 日'자가 들어가면 좋다고 해 이름을 '시영是榮'이로 지어왔다. 是자엔 해日가 들어있고, 榮자에는 불火이 두 개나 들어있다. 작은딸은 시영이에게 빨간 마스코트를 챙겨준다.

시영이 꽃은 홍매화이다. 시영이가 태어날 때의 꽃이 피었다. 그때 그린 그림은 지금도 나의 서재에 놓여있다. 흐드러지게 핀 홍매화 너머 5층 석탑과 푸른 소나무 한 그루가 서 있다.

시영이는 온 식구들의 지극한 정성과 사랑으로 자랐다. 이제는 제법 의젓해 저 혼자 뒹굴고 앉기도 한다. 시영이는 눈을 마주치면 싱긋이 웃고는 좀체 울지도 않는다.

시영이 첫돌기념으로 맥아더의 기도문을 썼다. 며칠을 궁리한 끝에 작은 글씨체로 썼다. 글씨를 따뜻하고 어리숙하고 반듯하게 써 보려고 했다. 인사동에서 한지를 구해 한 자씩 정성을 들여 힘있게 썼다.

우리 시영이가 이 글을 보며 용기를 잃지 않고 자만하지 않고 겸손하고 온유한 사람이 되기를 기원한다. 항상 의젓하고 점잖고 남을 배려하며 유머를 가지고 용감하고 꿋꿋한 지혜로운 사람이 되었으면 하는 바람이다. 자신에게는 강하고 남에게는 한없이 부드러운 사람으로 집안과 나라의 기둥이 되기를 바라는 마음이다.

이것이 첫돌을 맞는 우리 시영이에게 바라는 할아버지의 기도이기도 하다.

(2022. 3. 8.)

자녀를 위한 기도(아버지의 기도)

맥아더 장군

내게 이런 자녀를 주시옵소서
약할 때 자기를 돌아볼 줄 아는 여유와
두려울 때 자신을 잃지 않는 대담성을 가지고
정직한 패배에 부끄러워하지 않고 태연하며
승리에 겸손하고 온유한 자녀를 내게 주시옵소서

생각해야 할 때 고집하지 말게 하시고
주를 알고 자신을 아는 것이 지식의 기초임을 아는
자녀를 내게 허락하옵소서

원하옵나니 그를 평탄하고 안이한 길로 인도하지 마시고
고난과 도전에 직면하여 분투 항거할 줄 알도록 인도하여 주시옵소서 그리하여 폭풍우 속에서 용감히 싸울 줄 알고
패자를 관용할 줄 알도록 가르쳐 주시옵소서

그 마음이 깨끗하고 그 목표가 높은 자녀를
남을 정복하려고 하기 전에 먼저 자신을 다스릴 줄 아는 자녀를
장래를 바라봄과 동시에 지난날을 잊지 않는 자녀를 내게 주시옵소서

내 아들에게 유머를 알게 하시고
생을 엄숙하게 살아감과 동시에 생을 즐길 줄 알게 하옵소서

자기 자신에 지나치게 집착하지 말게 하고
겸허한 마음을 갖게 하여
참된 위대성은 소박함에 있음을 알게 하고
참된 지혜는 열린 마음에 있으며
참된 힘은 온유함에 있음을 명심하게 하옵소서

그리하여 나 아버지는 어느 날
내 인생을 헛되이 살지 않았노라고
고백할 수 있도록 도와주시옵소서.

(1952. 5.)

※맥아더 기도문 : 맥아더 장군은 아들 '아더 맥아더 4세'에게 영적인 유산을 물려주기 위한 기도문이다. 이 기도문은 1952년 5월에 발표되었으며 맥아더 장군이 한국전쟁 중에 썼다.
여섯째 손주 시영이의 첫돌을 기념해 써 준 글이다.

가을 심사 心事

올해 핀 백일홍은 유난히 붉다. 한여름 피기 시작해 가을로 접어드니 뜨거운 햇살을 받으며 더욱 붉다. 백일홍은 배롱나무라고도 하며 주로 서원이나 사당에 심어서 군자의 꽃이라 한다. 우리집 옥상에도 집을 지을 때 두 그루를 사다 심었는데 십수 년이 지났다. 동쪽 백일홍은 아주 무성하게 꽃을 피웠는데 서쪽 백일홍은 지난겨울 한파로 동해를 입어 가지를 잘라 겨우 몇 가지에만 꽃이 피었다.

새벽에 아내와 세곡동 꽃시장으로 갔다. 추석을 쇠려면 아내는 여름꽃들은 가을꽃으로 바꾸어 준다. 단골 꽃집에서 노란 국화 화분 몇 개를 사다 실으니 차 안 가득이다.

집으로 돌아와 집 앞 화단 손질부터 했다. 여름꽃들은 모두 비우고 웃자란 머루와 장미 넝쿨, 능소화 가지들은 잘라주었다. 나무들이 커지면 이웃집으로 올라가기도 하고 그늘이 생겨 나무 아래 꽃들은 잘 자라지 못한다. 아내가 국화 화분을 군데군데 놓으니 화단이 환하다.

　한낮이 되니 가을 하늘이 파랗다. 높은 하늘에 하얀 구름이 뭉게뭉게 피어오른다. 아직은 옥상 햇볕이 따갑다. 지난주 텃밭에서 따온 가지를 미처 다 먹질 못해 썰어 소쿠리에 담아 옥상에 내다 널었는데 잘 말랐다. 말린 가지는 겨울에 물에 불려 다시 먹을 수 있다.

　파란 하늘과 뭉게구름을 보니 미루었던 일이 생각났다. 일전에 선배 문우文友한테서 얻어온 책들을 꺼내었다. 서른 권이 넘는 책을 여태껏 정리도 못 한 채 서재 한구석에 두었던 보따리를 풀었다. 『수필과 비평』, 『수필 세계』, 『선수필』 등이다. 이참에 옷방으로 쓰던 곳을 반으로 줄여 책장을 들여놓았다. 책들을 꽂으니 아늑한 독서 방이 되었다.

　어느덧 하루해가 빌딩 숲으로 떨어지며 파란 하늘을 붉게 물들인다. 낙조落照로 서쪽 하늘은 붉은 노을에 젖어 든다. 새로 만든 독서 방에 앉아 노을을 보고 있으니 마음이 숙연해진다. '오늘 하루도 무사히 잘 보내는구나.'라는 안도감과 함께 언제까지 이렇게 살 수 있을까 하는 생각도 하게 된다.

　저녁을 먹고 다시 옥상에 오니 사방은 어둠이 깔리고 풀벌레 소리가 들려온다. 하늘에는 상현달이 둥실 떠 있다. 내일모레가 팔월 보름 추석이라서인지 달도 밝다. 추석이 지나면 추분이다. 이때부터는 밤이 길어져 가을이 깊어지며 겨울로 접어

든다.

귀뚜라미가 쉬지 않고 울어댄다. 무엇 때문에 저렇게 울어댈까. 자신의 존재를 표현하기 위해 밤새도록 우는 저 작은 벌레의 소리가 문득 나를 일깨워 준다.

이제껏 살면서 한 일은 많았지만 항상 무언가 부족하기만 했다. 무엇하나 제대로 이룬 것도 없다. 이제는 더 이상 벌려서는 안 된다면서도 자꾸만 일을 늘리고 있다. 버리고 정리해야 할 것들을 아직도 끌어안으며 내일로 미루고만 있다.

이런저런 생각으로 한참을 서성이다 서재로 들어왔다. 벼루를 꺼내 물을 붓고 먹을 간다. 묵향이 온 방으로 퍼진다. 먹을 듬뿍 찍어 화선지에 써 내려간다.

晚年惟好靜 萬事不關心 (만년유호정 만사불관심)
自顧無長策 空知返舊林 (자고무장책 공지반구림)
松風吹解帶 山月照彈琴 (송풍취해대 산월조탄금)
君問窮通理 漁歌入浦深 (군문궁통리 어가입포심)(「王維」詩*)

나이가 많아지니 다만 조용하게 지내고 싶은 생각뿐
세상의 모든 일에는 관심이 없다.
다시 세상에 나가 보았자 아무런 계책이 없으니
옛날에 살던 고향으로 돌아온 것이 가장 좋다고 생각된다.
거리낌 없이 옷깃을 풀고 앉았으면 시원한 솔바람이 불어오고,

밤이면 산에 솟아오르는 달빛이 내가 타는 거문고를 비춰준다.
그대는 "세상을 어떻게 사는 것이 잘 사는 것이냐."고 물었으나
내 귓전에는 세상을 잊고 사는 어부의 노래 소리만 멀리서 들려올 뿐이네.

왕유의 시 한 수를 행 초서로 써 내려가니 감회가 새로워진다. 松風 山月이 내 마음을 뒤흔들어 놓는다. 나는 어느덧 세상일에 초연하고 자연의 아름다움을 노래한 이 시에 심취해진다. 이제라도 나 자신을 더 많이 비워내고 진솔하게 살아야겠다고 마음을 다잡아 본다.

귀뚜라미 소리와 함께 밤은 깊어만 간다. 아직도 추석 음식을 장만하느라 아내의 도마소리가 들려온다.

(2021. 『한국수필』 11월호)

*王維(왕유) : 699~761 당(唐)시인.

쌍화차를 마시며

 훈훈한 바람이 코끝을 스친다. 매섭던 겨울바람이 풀려 제법 봄기운이 나는 듯하다. 오고 가는 사람들도 어깨를 펴고 걷는다.
 지난해 연말부터 코로나가 기승을 부려 모든 모임과 만남은 얼어붙었다. 다섯 명 이상은 모일 수가 없었다. 도시는 하루아침에 추운 겨울 속으로 움츠러들며 거리는 을씨년스럽게 회색빛으로 변해갔다. 사람들은 어둠 속에서 헤매는 것같이 암울해져 가며 지쳐 있다.
 며칠 전 코로나 조치가 조금 완화됐다. 우선 테이크아웃만 가능했던 커피집들이 한 시간 이내로 매장에서의 영업이 가능해졌다. 얼어붙었던 날씨마저 풀어져 훈훈한 바람이 불어온다. 아내와 함께 나선 아침 운동 길에 사람들의 모습이 한결 경쾌해졌다. 카운터에만 불을 밝혔던 커피집들은 손님맞이를 하느라 환하게 불을 켜놓고 의자와 테이블도 모두 꺼내어 제자리를 찾았다. 이른 아침인데도 간간이 사람들이 차를 마시고 있으니 회색빛 거리가 사라진 듯하다.

아내는 겨우내 아침 운동을 나간다. 어디든 모여서는 운동을 할 수 없어 혼자서 걷는다. 나도 이따금씩 따라나서지만, 항상 아내 뒤에서 걷는다. 젊었을 때는 항상 내가 앞장서 걸었지만 이제는 아내 뒤를 걷고 있다.

쌍화차 걸개가 보인다. 삼각대에 세워진 사진을 보니 눈길이 떠나지 않는다. 국기원 운동기구 마당까지 올라와 체조로 온몸을 푼다. 아내는 프로의 솜씨지만 나는 제대로 하질 못하고 허둥대기만 한다.

"우리 쌍화차나 한잔할까."

"그래요, 나도 그 생각이 났어요."

카페는 넓고 깨끗한 커피 전문점이다. 세계지도가 그려진 벽 쪽에 자리를 잡는다. 아내가 카운터로 가서 주문했다. 쌍화차가 하얀 테이크아웃 컵에 흰 플라스틱 스푼과 함께 나왔다. 컵 속 쌍화차에는 잣과 깨를 잔뜩 넣었지만 대추는 보이질 않고 달걀 노른자만 떠 있다. 한 숟가락 떠서 맛을 본다. 어찌 밍밍한 게 그저 그렇다. 아내도 못마땅한지 고개를 흔든다.

오늘 왜 쌍화차가 먹고 싶었을까. 옛날 생각이 떠오른다. 아내를 처음 만났을 때 명동 어느 다방에서 우리는 쌍화차를 마셨다. 그때만 해도 나는 커피를 잘 마시지 못했다. 커피는 오래

전 옛 친구가 사우디에서 가져온 미국산 커피를 타 주었는데 이걸 왜 마시는지 몰랐다. 친구는 한 컵을 가득 타서 마셨었다. 그런 생각을 하며 그때 아내와 마셨던 쌍화차가 떠올랐다. 그때의 쌍화차 맛은 잘 기억나지는 않는다. 나는 아내를 만나 '온리 유'라는 별명을 얻었고 결혼해 함께 살고 있다.

쌍화차에 관한 추억은 또 있다. 우리는 젊은 시절 백암온천을 좋아했다. 당시 서울에서 백암까지는 열 시간 정도나 되는 먼 길이었다. 우리 형제들은 겨울이 되면 그곳으로 모여 며칠씩을 보냈다. 대기업의 생활연수원이라 온천과 식사가 좋았다. 새벽에 일어나 느긋하게 온천으로 몸을 풀고 구내식당에서 아침밥을 먹고는 로비 휴게실로 가서 쌍화차를 마셨다. 따끈한 쌍화차에 대추와 잣과 깨를 듬뿍 넣어 도기 찻잔에 나오는데, 은색 스푼으로 떠먹는 그 맛은 일품이었다. 그런 맛에 우리는 눈이 내리는 그 먼 길을 달려 백암으로 갔다.

오늘 마신 쌍화차는 옛날에 먹었던 그런 맛은 아니었지만, 오랜만에 커피집 안에서 느긋하게 마실 수 있어 그렇게 서운하지는 않다. 이렇게라도 차 한잔을 마실 수 있다는 게 얼마만인가.

커피집을 나와 집으로 돌아가는 길에서 다시 한번 훈훈한 봄바람을 느낀다. 새봄이 오는 소리가 들려오는 것 같다.

(2021. 1. 26.)

신원이 그림

달래 이야기

'달래'는 우리집 고양이이다. 이 녀석이 온 지도 3개월이나 된다. 오늘도 강촌에서 오자마자 옥상으로 올라가 본다. 옥상 문을 열고 나가니 쪼르르 쫓아 나온다. 그러고는 내 발목에 붙어 비비적거린다. 머리를 만져주니 벌렁 누워버린다.

"달래야 가자. 밥 먹으러." 하니 쫄래쫄래 따라온다. 밥그릇이 싹 비어 있다. 얼른 제 밥을 넣어주니 "뽀드득뽀드득." 잘도 먹는다. "그래, 배가 매우 고팠구나."

지난주에는 금요일 오전에 강촌으로 가는 바람에 이틀이나 지났으니 그럴 만도 하다. 집을 비울 때는 제 밥그릇마다 밥을 듬뿍 주고 가면 이틀 정도 지나면 다 먹어 치운다. 그럴 때는 집을 봐주는 아주머니가 와서 밥을 챙겨 주는데 오늘은 우리가 먼저 오는 바람에 달래는 누가 오기를 눈 빠지게 기다렸나 보다.

달래는 지난봄에 태어났다. 둘째 사위인 정 서방이 일하는 현장에서 가져온 고양이 새끼 세 마리 중 한 놈이다. 건축소장 일을 맡아 하는 정 서방은 현장 한 구석에 버려진 새끼들을 집으로 데려왔다. 작은딸은 "웬 고양이냐."고 펄쩍 뛰었지만 "얼어 죽을 것 같아 조금 키워서 눈이라도 뜨면 내보내겠다." 라고 해 어쩔 수 없이 받아들였다. 손주들이 난리가 났다. 다혜와 서혜는 고양이 새끼들이 귀엽고 안쓰러워 어쩔 줄을 몰라 쓰다듬고 안고 다니며 좋아했다. 제 아비와 셋이서 우유도 먹이고 하면서 키우기 시작했다.

다혜는 이 녀석들의 이름을 지어 주었다. "봄이, 달래, 체리라고 지었어요."라며 즐거워했다. 작은딸은 사위에게 "알아서 하세요."라며 불만 섞인 표정이었지만 어린 새끼가 불쌍하기도 해서 그냥 못 이기는 체 두고 보는 듯했다. 그러면서 한두 달 지나니 고양이 세 마리가 붐벼대니 불만이 더욱 커졌다. 바깥에 내놓을 수도 없는 게 딸네집 데크에는 동네 고양이들이 날마다 들락거리고 있어 신경이 많이 쓰였는데 집안에서도 고양이 세 마리가 돌아다니니 딸은 차츰 스트레스가 쌓여만 갔다.

달래는 아들네 집으로 보냈다. 아들네는 손녀 소은이밖에 없어 적적하던 차에 당분간 키워 볼 요량으로 데려다 키우기 시작했다. 나머지 두 마리는 큰딸네 집으로 입양시켰다. 작은딸이 반강제로 언니 집에 데리고 가서 두고 온 모양이다. 큰딸도 손주 신원이, 주원이가 좋아하는 데다 큰사위인 박 서방도 좋아해서 그냥 재미 삼아 조금 키워볼 요량으로 데리고 있는 듯했다. 작은딸은 그제야 홀가분한 기분이 되었지만 두 손녀와 사위는 서운해했다.

그러다 여름 휴가를 제주도로 가게 되었다. 코로나로 그동안 억압된 생활에서 탈피해 몸과 마음을 쉬게 하려고 행복한집 식구들 모두 함께 휴가를 보내기로 했다. 그런데 큰딸네 고양이가 문제였다. 하는 수 없이 우리집 옥상에 두고 휴가를 떠났다. 열흘간 휴가를 마치고 돌아오니 고양이들은 옥상에서 뛰어다니며 잘 적응해 제 세상을 만난 듯 설치고 다녔다. 아파트에서 갇혀있다 옥상 화단에서 나무들이랑 함께 잘 적응했다. 손주들도 옥상으로 올라와 고양이들을 얼레며 좋아했고 고양이도 친구인 양 이름을 부르면 쪼르르 쫓아와 안기곤 했다.

그렇게 법석을 떨다가 제각각 집으로 모두 돌아갔다. 아내는 고양이를 별로 좋아하지 않아 아침저녁으로 나하고만 만날 수밖에 없었다. 나도 적적하던 차에 그런대로 지낼 만했다. 그동안 강아지는 옥상에서 키워보기도 했지만, 너무 분잡스럽고 화단을 망가뜨려 애를 먹었는데 녀석들은 살금살금 다니면서 그렇게 저지레도 하지 않았다.

그런데 큰딸네에서 손주들과 사위가 고양이를 데리고 왔으면 했다. 큰딸은 고양이 때문에 집안에 냄새도 나고 털도 빠져 싫다고 했지만, 아내가 "손주들이 코로나 때문에 집 밖에도 못 나가고 사위가 잘 돌보겠다고 하니 데리고 가는 게 어떻겠냐."고 말해 봄이랑 체리는 한 달가량 우리 집 옥상에서 지내다 추석을 쇠고 다시 가버렸다.

녀석들이 다 가버리고 나니 시원섭섭하던 차에 아들네가 이사해야 한다며 고양이를 옥상에 갖다 놓겠다고 했다. 고양이가 커지고 아파트에 갇혀 있어 그런지 사나워서 키우기가 힘들다고 했다.

그렇게 해서 달래는 우리 집 옥상에서 지내기 시작한 지 3개월째이다. 이놈도 처음에 와서는 "야옹야옹."하면서 돌아다녔다. 그리고 경계심도 많고 사나웠다. 세 마리가 함께 있을 적엔 봄이와 체리는 달래 곁에 얼씬거리지도 못했다. 그런데 옥상에서 지내더니 서서히 경계심도 풀어지고 사람이 그리운지 인기척만 나면 쪼르르 쫓아 나왔다. 새벽에 서재에서 책이라도 볼라치면 어느새 창문으로 다가와 들여다보곤 했다. 서실로 가기 위해 밖으로 나오면 달려 나와 발목 사이에 붙어 비비적거린다. 의자에 걸터앉아 "달래야 이리 와." 하면 냉큼 올라와 앉는다. 머리를 쓰다듬어 줄라치면 순한 양처럼 말도 잘 들었다.

온실 안에 제집과 살림살이들을 두었는데 지난겨울 첫추위에 아무래도 너무 추울 것 같아 서실 안으로 들여놓았다. 실내에 들여다 놓으니 난리가 났다. 아무 데나 올라다니며 물건들을 떨어트리고 마냥 돌아다니는게 번잡스럽기가 이를 데가 없었다. 또 가만히 생각해보니 밤에는 괜찮겠지만 낮에는 가두어 둘 수도 문을 열어 둘 수도 없겠다는 생각이 들어 다시 바깥으로 내보냈다. 아무래도 화단에서 여기저기 다니는 게 좋을 듯했다. 하지만 날씨가 너무 추워지면 어떻게 하나 걱정이 앞섰다. 저 혼자서 얼마나 춥고 쓸쓸할까 하는 생각도 들고 밤낮없이 야옹거리며 다니는 모습도 안쓰러웠다.

서재에서 추울 때 켜는 전기방석을 달래 집 바닥에 깔아 주었다. 새로 제집을 아늑하게 마련해 밤에만 작동하도록 타이머도 설치해 주었다. 바닥에 손을 넣어보니 따뜻한 게 안성맞춤이었다. 그랬더니 녀석은 야옹거리며 돌아다니지도 않고 제집에서 잘 나오지도 않고 잘 지내고 있다.

"달래야 등 따숩고 배부르니 이젠 살 만하지."

어차피 달래는 내 곁을 떠날 수도 없겠다고 생각하니 이제는 날씨가 아무리 추워져도 걱정이 없다. 달래는 옥상에 살면서 아주 순둥이가 되었다. 사람이 그리운지 누구라도 다가가면 쫓아 나온다.

"그래 이놈아 걱정하지 말고 살아. 이 세상 뭐 별것 있냐. 그렇게 다 사는 거지 뭐."

나는 이 글을 쓰며 갑자기 나쓰메 소세끼가 생각났다. 그는 자신의 서재에서 고양이와 함께 살며 그 유명한 『나는 고양이로 소이다』를 썼다. 이 글로 그는 일약 일본의 국민 작가가 되지 않았던가. 그는 고양이에게 이름도 지어 주지 않았다는데 말이다.

  달래와 지내며 제대로 된 수필 한 편이라도 쓸 수도 있지 않을까 생각하니 고양이와 함께 살기를 잘했다는 생각도 든다. 이녀석이 제 이름값을 하려나.

(2020. 11. 12.)

동지 팥죽

아내는 오늘 아침 팥죽을 쑤었다. 이틀 전부터 팥과 찹쌀을 물에 불려두었다. 팥은 삶아서 체에 걸러놓고 찹쌀은 믹서기에 갈아 반죽하여 치대어 놓았다. 어젯밤에 찹쌀 반죽으로 새알을 빚었다.

올해는 팥죽을 쑤지 않겠다고 했다. 식구들이 좋아하지 않고 잘 먹지도 않는단다. 그 말을 들으니 왠지 씁쓸했다. '그래도 동짓날에는 팥죽을 먹어야 한 해를 보내고 새해를 맞는 건데.' 하는 아쉬움은 컸으나 속으로만 생각했다. 식구라야 모두 분가하고 두 사람뿐이다. 팥죽을 먹으러 온다는 자식도 없으니 그럴 만도 하다. 그런데 매년 하던 걸 막상 하지 말아야겠다고 했으니 마음에 걸렸는지 이틀 전부터 준비한 것이다.

며칠 전부터 날씨가 흐리더니 어제는 함박눈이 내렸다. 새벽에 일어나니 온 세상이 하얀 눈 속에 파묻혔다. 서둘러 옥상으로 나가 눈을 치우고 옥상 지킴이 달래에게 밥과 더운물을 밥

그릇에 가득 채워 주었다. 눈이 오면 어쩐지 좋은 일이 생길 것만 같다.

오늘은 섣달 동짓날이다. 날씨는 차지만 한가롭고 여유롭다. 아내는 팥죽을 쑤어 놋그릇에 가득 담아 두 그릇을 내놓는다. 무청 물김치도 큰 종지에 가득 담아내고 김장 김치도 한 접시 담아 식탁 위에 정갈하게 차려 놓았다.
"간이 맞나 맛 좀 봐주세요."
한 숟갈을 후 불고는 입속으로 가져갔다. 구수한 냄새에 입 안 가득 고유의 팥 맛이 확 느껴온다.
"맛있네. 간도 아주 딱 맞아요."
"팥죽은 먹기 전에 집안 곳곳에 뿌려야 하지 않소."
"우리가 먹으면 뿌린 거나 마찬가지 아니에요."
"아니야, 바깥으로 나가서 뿌릴게."
역시 올 동지 팥죽 맛은 유별났다. 여느 해 팥죽보다 더 고소하고 새알도 차지고 씹히는 맛이 아주 좋다. 걸쭉한 팥죽과 새알 맛이 고소하고 내 입맛에 딱 들어맞았다.

어린 시절 팥죽을 쑤던 어머니가 생각난다. 어머니는 동짓날은 명절이라며 팥죽은 거르지 않고 꼭 쑤었다. 정지부엌에서 가마솥에 장작불을 때면서 주걱으로 저어가며 팥죽을 쑤었다. 하얀 수건을 머리에 동여매고 벌겋게 얼굴을 붉히며 정성스럽게 팥죽을 쑤었다. 주로 저녁 무렵 동지 시간을 맞추었다. 형편이 좋을 때는 찰떡을 절구에 찧어 함지박에 노란 콩고물을 묻혀서 하나씩 썰어 주면 나는 한자리에서 한 됫박을 먹어 치우기도 했다.

 어머니는 팥죽을 다 쑤어서는 집 안 구석구석을 돌면서 무어라고 중얼거리며 절을 하고 팥죽을 뿌렸다. 그리고는 하얀 사발에 한 그릇을 떠서 나에게 높은 곳에 갖다 올려놓으라고 했다. 두지 위에 올려놓고는 두 손을 모아 절을 하고는 물러났다.

 그런 뒤에 식구들은 둥근 상에 둘러앉아 한 그릇씩을 담아 주면 우리 오 남매는 뜨거운 팥죽을 호호 불어가며 허겁지겁 먹었다. 어머니도 수건을 벗어 털고는 부엌에서 나오셔서 함께 잡수셨다. 우리는 나이에 아랑곳하지 않고 새알과 팥죽을 순식간에 먹어 치우면 어머니는 당신 그릇에 담아온 팥죽을 덜어 주셨다.

 동짓날은 묵은해를 보내고 새해를 맞이하는 설날 같았다.

 팥죽을 먹기 전에 아내보고 한 그릇을 떠달라 했다. 아내는 하얀 사기 주발에 팥죽을 한가득 떠 주었다. 나는 두 손으로 받아서 들고는 현관 앞 정원 곳곳에다 숟가락으로 팥죽을 뿌렸다. 주차장으로 가서 승용차 앞과 뒤에도 뿌렸다. 옥상으로 올라가 옥상 문 앞에도 뿌리고 달래 집 온실 앞에도 뿌렸다.

'올 한 해 무사히 보내게 해 주셔서 감사합니다. 새해에도 잘 보살펴 주십시오.'

오늘은 형제계 모임이다. 어제는 함박눈으로 길이 미끄러웠다. 갑자기 기온이 떨어져 얼어붙으면 어쩌나 걱정했는데 다행히 눈이 녹아 다니기는 어렵지는 않다. 한 해를 보내며 막냇동생만 빼고는 모두 모인다. 점심을 먹고는 영화라도 보고 놀다 저녁에는 우리 집에서 팥죽이라도 먹어야겠다.

(2022. 12. 22.)

눈길을 걸으며

코로나가 주는 즐거움도 있다. 아내와 함께 아침 운동을 나선다. 오늘은 선정릉으로 가자고 하니 아내도 고개를 끄덕인다. 가는 길이 온통 하얗다. 눈이라도 올 양인지 염화칼슘을 잔뜩 뿌려 놓았다.

"웬 난리야, 눈이 내리면 뿌리지 이게 뭐야."

"글쎄, 언제부터 오려나, 오긴 올 모양이지."

보기에도 흉하고 밟고 다니기에는 더욱 꺼림칙하지만 참고 걸었다.

선정릉은 한적하지만 가끔씩 운동 나온 사람들과 마주친다. 모두 바쁜 듯 쏜살같이 앞서 나간다. 울창한 산림들은 모두가 나목으로 변해 곳곳에 선 낙락장송들과 어우러져 이곳이 왕릉임을 나타내 운치를 더한다. 까치들이 오고 가는 길손들을 반기는 듯하다.

한 마장을 걸어서 나오며 아내는 못내 아쉬운 듯 한마디 한다.

"이렇게 좋은 데를 이제야 와보다니 그동안 뭐 하느라 여태껏 못 왔을까."

"이제라도 왔으니 되지 않았소. 지금부턴 자주 옵시다."

그냥 집으로 가기가 아쉬워 아침이나 먹고 가자고 했다. 추어탕집으로 들어가 자리에 앉으니 선정릉 입구가 한눈에 들어온다. 추어탕에 막걸리 한 병을 시키고 나니 하늘에서 눈송이가 하나둘 내리기 시작한다. 막걸리 한 사발 들이켜 추어탕 맛을 보니 속이 시원해진다. 점점 눈이 난분분 난분분 내린다. 오가는 사람들도 우산을 받고 가는 사람도 있고 차들은 전조등을 켜고 달린다.

금세 눈이 하얗게 쌓였다. 매표소 앞마당은 눈밭으로 하얗게 변했다. 아내는 홀몸이 아닌 둘째 딸에게 먹인다며 추어탕을 포장해서 밖으로 나왔다. 눈길을 걸었다. 괜한 투정을 부린 듯 찻길은 염화칼슘 덕인지 금방 녹았다. 하지만 인도에는 제법 눈이 쌓였다. 눈은 앞을 보기 힘들 정도로 더욱 세차게 내린다. 회색빛 거리가 뿌옇게 변해간다. 돌담 넘어 선릉은 설국이 되었다. 팔작지붕의 제실에는 휘날리는 흰 눈발에 휩싸이고 등 굽은 소나무가 왕릉을 향해 경배하듯 서 있다.

선정릉 네거리에 사람들이 눈을 맞으며 걷는 사람과 빨간 우산을 든 여인은 코트 깃을 세워서 걸어간다. 찻집에는 노란 불빛이 켜져 있고 빨간 네온사인이 이채롭다. 아직 밤은 아니었지만 희뿌연 눈발이 마치 한밤중인 양 어둑해져 회색 거리는 불빛 속으로 잠겨 든다. 전철을 타자고 하니 아내는 그냥 눈을 맞으며 하얀 눈길을 걷고 싶다며 눈길로 들어선다.

눈길을 걷다보니 노천명의 「설야산책」이 떠오른다. 노천명은 눈이 오는 겨울밤을 좋아했다. 눈이 오면 무작정 나와 거리를 걸어 다니기를 좋아했다. 우리는 오늘 밤 눈을 맞으며 끝없이 눈길을 걸어가고 싶다.

(2021. 1. 28.)

독서상우(讀書尙友)

책을 읽음으로써 옛 성현을 만난다. 책을 읽으면 옛사람들과 벗할 수 있다는 말이다.

내가 좋아하는 것들

책만 사는 바보 買書痴

내가 좋아하는 것 중 첫째가 책이다. 어릴 적부터 책을 좋아했다. 은퇴 후에는 헌책방에서 책을 사는 일이 유일한 낙이다. 주로 황학동 헌책방을 돌면서 책을 산다. 다음으로 회현동에 있는 클림트를 통해 산다. 그다음은 아름다운 가게이다. 알라딘이나 예스24에도 간다. 가끔은 교보문고에서 신간을 사기도 한다.

이렇게 사 온 책이 이제 4천 권이 넘는다. 나는 책 중에서도 수필집을 좋아한다. 특히 이름난 수필가가 쓴 초간본이나 희귀본은 아무리 비싸도 산다. 어떨 때 사지 못하면 그 책이 눈에 밟혀 밤새워 뒤척이다 이튿날 기어이 사고야 만다. 글쓰기 책이나 오래된 소설도 좋아한다. 추사 선생이나 다산 선생의 책도 좋아한다. 어떤 책은 표지가 마음에 들어 사기도 한다.

나의 이런 책 사는 버릇은 이젠 중독을 넘어 병적이라 할 정도이다. 강남 알라딘에 가면 책 중독자라는 글을 써 붙여 놓았다. 거기에 책 중독 증세 열 가지가 있는데 여덟 개나 해당되었다. 이런 나를 아내는 아주 못마땅해한다. 그럴 때면 나는 아내 몰래 사 온 책을 현관 앞에 두고 한참 있다 아내의 눈치가 느슨해지면 슬그머니 들고 들어온다.

내가 생각해도 한심하기 짝이 없다. 책을 제대로 다 읽지도 못하고 쌓아두고 있으면서도 그 버릇을 고치지 못하고 있으니 나는 책만 사는 바보임이 틀림없다. 이덕무는 집이 가난하여 남의 책을 빌려와 베껴서 책만 읽는 바보라 했는데 나는 책만 사고 있으니 간서치看書痴 이덕무도 나무랄 것 같다.

어제도 나는 김시습의 『금오신화』 1959년 통문관 초간본을 사 왔다.

(2023. 01. 11)

두꺼비 연적

나는 문방사우를 좋아한다. 그중에도 연적을 보면 갖고 싶어 한다. 그러나 마음에 드는 연적은 좀처럼 만나기 어렵다. 물론 내가 주로 연적을 구경하는 곳은 황학동 벼룩시장이다. 이곳에는 주로 중국에서 건너온 연적들이 있다. 그동안 사 모은 것이 열 개 정도 된다.

중국산 연적은 왠지 투박하고 멋이 없다. 우리나라에서 만든 것보다 어딘지 엉성하다. 그런데 내가 가지고 있는 개구리인지 두꺼비인지 모를 연적은 그런대로 정이 간다. 손안에 잡히는 맛도 좋고 모양이나 색상도 마음에 든다. 등에는 물을 넣는 구멍이 있는데 버섯 모양으로 불거져 있다. 버섯을 등에 지고 있는 모습은 볼수록 웃음이 난다. 불거진 버섯을 등짝에 붙이고 껌벅이는 듯한 두꺼비의 모습은 멍청하게 보인다.

색깔도 옅은 흙 색깔에 푸른 점이 등짝과 넓적다리와 버섯 위에 아무렇게 찍어 놓았다. 나는 이 녀석을 서안 위에 놓고 매일 본다.

지난해 가을 여행에서 만난 연적 하나가 있다. 강진 청자박물관에서 본 원숭이 연적이다. 푸른색을 띠는 진갈색으로 자그마한 게 앙증스럽게 생겼다. 눈이 빠끔하고 주둥이는 조금 벌려져 이빨이 드러나 보일 듯 말 듯 했다. 잔뜩 웅크려 두 발을 모으고 쪼그려 앉아 두 손을 얼굴에 갖다 댄 모습이 영락없는 원숭이 상이었다. 머리 위 물구멍은 마름모 모양으로 관을 쓴 모습 같았다.

연적 이야기를 하다 보니 김용준의 「두꺼비 연적을 산 이야기」와 피천득의 「수필」이 생각난다. 김용준은 두꺼비 연적을 사고는 "쌀 한 되 살 돈이 없는 판에 그놈의 연적이 우리를 먹여 살리느냐."라는 아내의 바가지에 벌컥 화를 내며 "두꺼비 산 돈은 이놈의 두꺼비가 갚아 줄 테니 걱정하지 말아."라고 소리친다.

  피천득은 덕수궁 박물관에서 청자연적을 보고 연꽃잎 중 꼬부라진 꽃잎 하나를 보고 눈에 거슬리지 않는 파격이라 했다. 연꽃잎 하나를 꼬부라지게 만든 마음의 여유가 곧 수필이라 했다.

  내가 가지고 있는 두꺼비 연적의 버섯 모양이나 청자박물관의 원숭이 연적의 머리에 인 관(冠)은 파격이라 할 수 있다. 그러고 보면 연적을 만든 장인은 마음의 여유가 있어야 하나 보다. 수필은 무엇보다 마음의 여유에서 나오는 해학이 있어야 한다는 말일 게다. 연적을 좋아하는 나는 언제 그런 수필을 쓸 수 있을까.

(2023. 01. 12.)

달

  새벽에 옥상으로 나가니 하얀 하현달이 서쪽 하늘 위에 걸려있다. 두 손 모아 합장하고 반 배를 올린다. 오늘 저 달을 볼 수 있어 감사의 마음에서이다.

나는 달을 좋아한다. 별도 좋기는 하지만 달보다는 못하다. 달을 보고 있으면 마음이 푸근해진다. 물론 보름달일 때가 그렇다. 음력 보름 전후로 뜨는 달은 노랗고 크다. 저녁을 먹고 나면 커다랗고 둥근 달이 두둥실 떠오르면 왠지 가슴이 트인다.

내가 이 세상에 첫울음을 터트린 게 구월 열엿새 날 유시이다. 소가 여물 먹을 때 태어났으니 밥은 절대 굶지 않겠다고 어머니께서 말씀하셨다.

초승달이나 그믐달을 싫어하지는 않는다. 하지만 초승달은 너무 일찍 서산으로 숨어버리기 때문에 아쉽기가 그지없다. 또한 그믐달은 새벽에야 볼 수 있기에 왠지 처량하다. 그러다 그믐날이 되어 달이 아주 사라지면 침울해진다.

나는 섣달그믐날을 그다지 좋아하지 않는다. 어머니의 시름 깊은 한숨 소리가 들리는 듯하다.

(2023. 01. 12)

소나무

강촌에 집을 장만하고 소나무를 심었다. 집만 덩그렇게 있어

토목공사와 함께 조경 공사를 했다. 커다란 반송盤松을 집 양쪽에 심었다. 은퇴 기념으로 큰 소나무 세 그루를 큰돈을 들여 사다 심었다. 그래도 성에 차지 않아 소나무 농장에서 100여 그루 캐다 심었다. 집 안에 소나무 언덕과 솔밭이 생겼다.

나는 소나무가 좋아졌다. 사철 푸른 숲을 볼 수 있어 더욱 그런지도 모른다. 솔 향기도 좋고 솔바람 소리도 좋다. 아내도 소나무를 싫어하지 않아 소나무 사는 데는 그다지 반대하지 않는다. 소나무는 언제나 꼿꼿하게 자리를 지키며 나를 꼿꼿하게 해준다.

새봄에 올라오는 새순을 보면 신비롭다. 송홧가루가 날릴 때는 귀찮기도 하지만 잠깐이다. 새순을 따다 잘 말려 차로도 마시고 술을 담가 마시기도 한다. 특히 교교皎皎한 달밤에 소나무 아래 서면 그 운치가 우리를 홀린다. 이런 날에는 아내와 솔 차茶나 솔 주酒라도 한 잔 곁들이면 이 세상에 부러울 것이 없어진다.

그래서 나는 松山이라 호를 지었다.

(2023. 01. 14)

행복

행복이란 무엇인가. "행복이란 삶에 만족하여 더없이 기쁘고 즐거운 상태"라고 한다. 나는 어떤 때가 이런 상태일까. 깊게 생각할 것도 없이 나는 아내가 행복해할 때 행복하다. 아내의 기분이 좋지 않거나 화라도 나 있으면 나는 불안해진다. 그러다 보니 자연스레 아내의 심기를 건드리지 않으려고 애를 쓴다.

하지만 나도 모르게 불쑥 튀어나오는 말 한마디나 나의 행동이 때로는 아내의 심기를 건드리게 된다. 그러면 아내는 말을 하지 않고 분위기가 냉랭해진다. 나는 아내의 눈치를 살펴 가만히 자리를 피한다. 그런데 젊었을 때나 못내 억울해 항변이라도 하게 되면 싸움으로 발전하게 된다. 그럴 때는 나의 지난 허물이 다 쏟아져 나오고 내 마음은 찢어질 듯 아프다.

요즈음은 산전수전 다 겪어서인지 좀처럼 그런 상태로 가지는 않는다. 되도록 아내의 입장에 맞추어 주려고 노력한다. 그런 아내도 행복하게 사는 것이 자기의 꿈이라고 말한다. 아내는 가끔 자기의 꿈은 집에 그림을 걸어 놓고 가족들과 오손도손 사는 거라고 말한다. 그래서 우리 집 이름은 '행복한집'이다.

"잘 지낸 하루가 행복한 잠을 이루게 하는 것처럼 잘 보낸 인생은 행복한 죽음을 가져온다." 레오나르도 다빈치가 한 말이다. 나는 이렇게 내가 좋아하는 것들과 살 것이다. 책과 연적과 달과 소나무와 행복하게 아내와 함께 오래오래 살고 싶다.

(2023. 01. 14)

2.
구름방

우리는 이 집을 '구름방'이라 부르기로 했다. 방 안에 누우면 맑은 하늘과 함께 구름이 보였다. 여기서 책도 읽고, 낮잠도 자며 유유자적하고 싶기 때문이다. 구름방은 식구들이 모두 모이거나 우리 부부 몸이 찌뿌드드하면 군불을 때 주로 사용한다. 아내는 한겨울 눈이 내리면 한 사흘 눈 속에 갇혔으면 좋겠다고 입버릇처럼 말했다. 구름방은 눈 속에 갇혀 지내기 딱 좋은 집이 됐다.

구름방

　구름방 언덕에 산벚꽃이 만발했다. 흰 꽃송이가 눈처럼 펄펄 내린다. 언덕 너머 산속 푸른 잣나무와 어우러져 하얗게 빛이 난다. 은색 가루를 뿌린 듯 산벚꽃 아래 구름방이 처연하게 자리 잡고 있다. 구름방 앞 보리수도 새잎이 났다. 뜨락의 흰 수선화도 함초롬히 피었다. 연보라 제비꽃은 안쓰럽게 피었다. 박태기 나뭇가지 끝엔 붉은 꽃망울이 맺혀있다.
　산벚꽃 아래 묻힌 구름방은 우봉 조희룡°의 <매화서옥도梅花書屋圖>를 보는 것 같다. 깊은 산속 작은 초가 한 채가 매화 속에 묻혀 있다. 온 산이 매화로 가득하다. 앞 언덕에도 뒷산에도 하얀 가루를 뿌려 놓은 듯, 흰 점들이 눈송이를 보는 듯하다. 작은 초가 둥근 창 속 한 선비가 서안書案을 마주하고 있다. 골똘히 무슨 생각을 하는 걸까, 독서삼매인가. 그 모습이 의젓하다. 나도 <매화서옥도> 속으로 깊게 빠져들었다. 온 산이 하얀 매화 속에 묻혀있다. 매화 숲 작은 초가는 반쯤 드러나 있다.

둥근 창 속 선비는 그림을 그리는가 책을 읽고 있는가. 나는 이 그림과 같은 집을 갖고 싶었다.

강촌에 집을 장만한 후 몇 해를 살다 보니 군불을 땔 수 있는 황토방도 하나 지어야겠다는 생각이 들었다. 스무 평 남짓한 강촌 집에 식구들이 다 모이면 좁기도 하지만 무엇보다 시골에 살려면 군불 때는 방이 필요했다. 몇 해를 궁리 끝에 집을 짓기에는 여러 가지 문제가 많아 황토방을 사들이기로 했다. 이동식 개량 구들방이다. 옛 구들방과는 다르나 장작 몇 개비만 떼도 방을 데울 수 있다.

황토방이 들어오는 날, 내리는 빗속으로 대형트럭과 크레인이 강촌집 마당으로 들어왔다. 크레인으로 간신히 황토방을 앉혔지만, 잔디밭은 엉망이 되고 말았다. 오랜 세월 가꿔온 잔디가 하루아침에 망가져 버렸다. 크게 생채기가 난 마당은 새 식구를 맞이한다는 마음에서 내색 없이 복구하기로 심란한 마음을 달랬다.

아내도 나도 새로 들여온 황토방이 마음에 들었다. 집 모양도 자그만 맞배 지붕에 세모꼴 작은 창문을 가진 앙증맞은 집이었다. 새로 시집온 새색시 보듯 보고 또 보고 했다. 여섯 평 정도의 이 방에 군불을 때보니 금방 방바닥이 달구어졌다. 조금 많이 때니 뜨거워져 땀이 났다. 누구보다 아내가 좋아했다.

우리는 이 집을 '구름방'이라 부르기로 했다. 방 안에 누우면 맑은 하늘과 함께 구름이 보였다. 여기서 책도 읽고, 낮잠도 자며 유유자적하고 싶기 때문이다. 구름방은 식구들이 모두 모이거나 우리 부부 몸이 찌뿌드드하면 군불을 때 주로 사용한다. 아내는 한겨울 눈이 내리면 한 사흘 눈 속에 갇혔으면 좋겠다고 입버릇처럼 말했다. 구름방은 눈 속에 갇혀 지내기 딱 좋은 집이 됐다.

구름방 안 황토벽에 <다경茶經>이라는 족자를 걸었다. 좌측으로 목각 <조충도鳥虫圖>를 걸고 아래에 작은 <은장도銀粧刀> 표구를 걸었다. 이 은장도는 어머니의 유품이다. 우측에는 내가 그린 매화 그림과 구름방 그림도 걸었다. 그 아래 고가구 문갑을 놓았다. 조그마한 서안書案과 작은 책꽂이도 놓았다. 손으로 만든 앉은뱅이 탁자와 옛날 바둑판도 놓았다. 나무로 깎은 등잔대 위에 백자 등잔을 올려놓았다. 책꽂이에는 문학책 오십여 권을 꽂았다. 고가구는 한 점 두 점 사 모은 옛것이다.

구름방에서 나는 주로 책을 읽는다. 삼여三餘*라는 말처럼 한밤중에 읽는다. 독서삼매讀書三昧에 빠져들기라도 하면 매화서옥梅花書屋 속 선비가 된다. 책을 읽다 지루하면 조용히 밖으로 나와 등나무 의자에 앉는다. 한참을 사색에 잠기기도 한다. 보름달이라도 뜨는 날이면 좀처럼 방으로 들어가질 못한다. 교교한 달빛 아래 풀벌레 소리를 듣노라면 신선이 된 듯하다. '와운조월臥雲釣月'*이라 했던가, 작은 연못 속에 빠져있는 달이라도 낚고 싶어진다.

다시 방으로 들어와 <매화서옥도>를 본다. 깊은 산 속 매화 숲 아래 초옥은 한가롭고 평화스럽다. 매화꽃 잎이 눈송이처럼 흩날리는 초가 둥근 창가에 한 선비가 앉아있다. 선비는 서안을 마주하고 무언가에 집중하고 있다. 어쩌면 조희룡 자신이 매화 병풍을 치고 매화차를 마시며 매화 그림에 골몰하고 있는지도 모르겠다. 날이 밝으면 산 벚꽃 흩날리는 구름방 창가에 앉아 나도 '산벚서옥도'나 그려야겠다.

(2020. 『한국수필』 12월호. 신인상)

*우봉 조희룡(又峯 趙熙龍) : 조선 후기~말기에 활동한 여항 문인이자 서화가.
*삼여(三餘) : 讀書三餘. 책을 읽기에 적당한 세 여가(餘暇). 곧 겨울·밤·비 올 때.
*와운조월(臥雲釣月) : 구름에 누워 달을 낚는다.

봄의 흥취 春興

봄비가 온종일 내린다. 낙숫물 소리도 없이 하염없이 내리고 있다. 겨우내 얼어있던 밭두렁을 봄비가 촉촉이 녹여준다. 앞산 골짜기에는 아직도 곳곳에 잔설이 남아있는데, 이제 봄눈 녹듯 녹아내리겠지. 소리 없이 내리는 가랑비는 한밤중까지 내리는지 꿈결에서도 물방울 소리가 들리는 듯하다. 멀리 개울물 소리도 들려오는 것 같다.

春雨細不適 (춘우세부적)
夜中微有聲 (야중미유성)
雪盡南溪漲 (설진남계창)
草芽多少生 (초아다소생)

봄비가 가늘어 방울지지 않더니
밤이 되니 작은 소리 들리는 듯하네
눈이 다 녹아 남쪽 시냇물 불어나니
풀싹은 얼마나 돋아났을까

지난달부터 강촌 집에서 보내고 있다. 온 나라가 코로나로 몸살을 앓고 있다. 그동안 아무렇지 않게 지내던 일상이 그립다. 매주 강남 시니어 수채화 교실에서 보냈던 일이며, 행복한 글쓰기 강좌에서 공부하던 일상이 새삼 그리워진다. 언제가 될지도 모를 기약 없는 현실이 안타깝다. 하지만 때때로 카톡으로 서로의 안부와 건강을 독려하며 좋은 글과 자료들을 보내주니 그나마 위안이 된다.

겨우내 얼어붙어 있던 밭두렁이 녹기 시작하면 서서히 봄은 기지개를 켠다. 지난가을 마른 고춧대도 한쪽으로 모아두고 구석구석 쌓여 있는 낙엽도 태워야 한다. 해마다 이맘때면 산불로 떠들썩해진다. 올해도 산불을 진화하던 헬리콥터의 사고는 사람들을 더욱 안타깝게 한다. 그렇다고 이 많은 농사 부산물을 처리할 방법이 난감하다. 무턱대고 태울 수도 쌓아놓고 있기만 할 수도 없다. 조금씩 날씨를 보아가며 태울 수밖에 없다. 바람이 잦아드는 저녁 무렵이나 새벽녘에 태우고는 얼른 밭 흙으로 덮는다. 밭두렁에 얼어붙었던 폐비닐도 모아서 잘 말려 포대에 담아 내어놓아야 한다. 이렇게 지난가을 농사 설거지를 마치면 밭두렁은 한결 깨끗해진다.

이제는 밭두렁에서 올라오는 새싹을 맞이할 차례이다. 제일 먼저 냉이랑 엉겅퀴, 민들레 뿌리를 캔다. 나에게는 잘 보이지 않는 새싹을 아내는 어느새 한 바구니나 캤다. 아직 쑥은 너무 어려 조금 더 자라면 캘 것이란다.

새봄이면 아내의 성화가 빨라진다. 올해도 어김없이 화단 정리부터 시작한다. 제일 먼저 새싹을 올리는 수선화부터 낙엽을 걷어주고 군데군데 꽃나무 가지도 정리해야 한다. 솎아낸 자리가 텅 비게 된다. 빈자리에는 백일홍 뿌리를 꺼내다 심는다.

올해는 강촌에서 보내는 시간이 많다. 마침 작은딸이 손녀들을 데리고 내려왔다. 아내는 대문이 녹슬었다며 칠한다고 나섰다. 지난해에도 작은딸네가 와서 칠해주었다. 대문을 떼어내 녹을 털어주면 온 식구가 붓을 들고 칠한다. 작은 대문이지만 세 짝으로 나누어진 대문을 아내는 작은딸과 두 손녀를 데리고 꼼꼼하게 칠했다. 칠한 문짝을 말려서 달고 나니 빨간 대문은 한층 돋보였다. 강촌 집의 상징이기도 한 빨간 대문을 보며 뿌듯해하며 즐거워했다.

작은사위가 강촌에 내려왔다. 마침 포항 현장에 출장갈 일이 생겼다며 여행 삼아 모두 함께 가자고 했다. 코로나 때문에 집 바깥으로 나가지 말라지만 집에만 있어 지루하던 차라 모두 떠나고 싶어 했다. 삼척에 있는 콘도로 가기로 하고 나섰다.

콘도에는 가족 단위로 여행 온 사람들이 제법 많았다. 서로들 조심했다. 콘도 안 위락시설들은 대부분이 문을 닫았다. 탁 트인 바다를 보는 것만으로도 그렇게 좋을 수가 없다. 전통시장으로 나가 먹을거리를 잔뜩 사와 아내와 작은딸은 밥은 해

먹기로 했다.

  이튿날 아침 동해 일출을 보러 나간다. 저 멀리 수평선의 구름 속으로 떠오르는 일출은 장관이다. 어둠 속 여명이 파스텔로 그린 듯 붉게 물든다. 빨간 해가 떠오르자, 어둠 속에서 깨어난 바다는 온통 붉은 물결로 변한다. 일출을 보고 있던 사람들이 모두 두 손을 모아 기도를 한다. 나도 가만히 두 손을 모아 절을 한다. 하루빨리 코로나가 물러가게 해 달라고, 그동안 일상이 소중하다는 걸 잊고 살아온 잘못을 용서해달라며 간절하게 빌어 본다.

  다음날 사위가 출장에서 돌아와 올라가는 길에 레일 바이크라도 타고 가잔다. 오랜만에 온 여행인데 밥만 해 먹고 갈 수는 없지 않으냐고 했다. 용화역에는 간간이 여행객들이 몰려들었다. 우리는 4인승 한 대와 2인승 한 대를 주문했다. 매표원이 초등학생이나 미취학 아동이 있느냐고 물어 손녀 두 명이 있다니 무료라고 했다. 아마 코로나로 지친 국민을 위한 정책인 듯 안 왔으면 큰일 날 뻔했다며 즐겁게 레일 바이크에 올랐다. 소나무 숲 사이로 펼쳐지는 해변은 매우 아름다웠다. 푸른 에메랄드 바다가 끝없이 펼쳐지고 항구에는 갈매기들이 노닐어 한 폭의 수채화 같았다.

  집으로 올라오는 길은 멀었지만 오랜만에 느껴본 여행이라 한결 마음이 풀려있다. 차 안에서 손녀 둘은 무엇이 그렇게 즐거운지 조잘대며 잘도 논다. 까르르대며 웃는 소리는 어떤 음악보다 듣기 좋다. 작은딸 동네가 가까워져 오니 작은손녀 서혜가 운전하는 제 아비한테 자기가 다니던 유치원 앞으로 돌아서 가자고 한다. 빨리 유치원에 가보고 싶다고 하니 큰 손녀 다혜도 자기 학교 앞으로 가보고 싶다고 맞장구를 친다. 창밖으로 유치원이 보이자 반갑게 얼굴을 내민다. 큰손녀가 다니는 운중초등학교는 불이 꺼진 채 적막에 싸여 있다. 다혜는 불 꺼진 학교를 보더니 시무룩해한다.

고려 충신 정몽주는 소리 없이 밤새 내리는 봄비를 들으며 봄의 흥취를 노래했다. '춘래불사춘春來不似春'이라 했던가. 봄이 왔지만 봄을 느끼지 못할 정도로 마음이 절망에 빠져있는 상태를 의미하는 이 말이 새삼 마음에 와닿는다. 온 세상이 코로나 때문에 봄이 와도 진정한 봄을 느끼지 못하고 있다. 하루빨리 일상으로 돌아가고 싶다.

봄비 속에 봄의 흥취가 들려온다.

(2020. 3. 28.)

상춘곡

 올봄은 유난히도 긴 것 같다. 아침저녁 일교차가 커서 그런가 보다. 게다가 봄비도 심심치 않게 내리니 가는 봄을 붙잡는 듯하다. 지난가을 밭에다 쌓아 두었던 고춧대와 낙엽을 태우면서 새봄맞이는 시작되었다.
 삼월 마지막 풍물장에서 감나무 한 그루를 사 왔다. 그동안 몇 번을 심었지만 겨울을 나지 못하고 고욤나무로 변했다. 하지만 아내는 감나무를 심고 싶어했다. 나무 장사가 이곳 겨울도 날 수 있다고 해 또 사다 심었다. 마침 저녁부터 오기 시작한 비가 새벽까지 내렸다.
 한밤중에 서재 밖으로 나가 빗소리에 귀를 기울여 본다. 멀리서 바닷소리가 들려오는 듯하다. 낙숫물 떨어지는 소리가 두런두런 말을 걸어오는 것도 같다. 매화가지에 내린 빗물이 옹달연못으로 떨어지는 소리가 맑다. 아내는 매화 향기를 따라 개울에 미나리가 올라왔나 살펴본다.

봄비에 젖은 진달래꽃 너머로 구름방이 보인다. 소나무 아래 하얀 매화가 봄비에 젖어있고 장독대 뒤 산수유도 노랗게 피어 있다. 정원에는 자목련 꽃망울이 붉은 혀를 쏙 내밀고 있다. 아내는 까만 우산을 쓰고는 잔디 마당을 서성인다.

사월이 되니 앞산에는 하얀 산벚꽃이 여기저기서 피어났다. 자작나무 숲은 햇빛에 반짝인다. 강촌집 언덕에도 산벚꽃이 흐드러지게 피었다. 구름방 너머로 하얀 꽃비가 바람에 하염없이 흩날린다. 꽃매화도 빨갛게, 하얀 조팝나무도 소복하게, 노란 수선화도 하얀 수선화도 함초롬히 피어올랐다. 자운영과 이름 모를 들꽃들도 예쁘게 피어났다.

아내는 호미를 들고 나가 잔디밭에 난 풀부터 뽑는다. 토끼풀과 잡초를 보이는 족족 뽑아내느라 애를 쓰고 있다. 풀꽃도 꽃이련만 잔디밭을 망친다며 모조리 뽑아내고는 밭두렁으로 나가 쑥을 캔다. 새봄에 나는 새순들은 모두 나물로 먹을 수 있다. 냉이 고들빼기 돌나물 달래 원추리 민들레 엉겅퀴도 봄나물이 된다. 들에는 복숭아꽃이 여기저기서 피었다. 사람들은 개복숭아라고 시답잖게 보지만 꽃은 너무도 예쁘다.

오월로 들어서니 집 어귀에 철쭉이 활짝 피었다. 자색 빛이 감도는 붉은 철쭉과 새하얀 철쭉이 영산홍과 어우러져 군데군데 피어났다. 연둣빛 회양목과 함께 카펫을 깔아 놓은 듯하다. 산철쭉도 옅은 분홍 꽃잎을 피워냈다. 수돗가에 황매화도 노랗게 피었다.

　이때쯤엔 밭을 갈아야 한다. 밑거름을 듬뿍 넣고는 마을 인석이 형에게 부탁하니 트랙터로 밭을 갈아엎고 고랑을 내어준다. 아내와 둘이서 고랑을 까만 비닐로 덮어 씌우고 도랑을 쳐냈다. 아침 일찍 밭에 나가 고추 모종을 심고 옥수수와 땅콩은 씨앗으로 심었다. 집 안쪽 텃밭에도 상추와 쑥갓을 심고 곰취도 두 판이나 사다 심었다. 토마토와 오이도 심었다. 여름내 따먹을 채소들이다. 시골에 살려면 뭐든 심어 먹어야 한다. 호박도 몇 포기 심고 장날 사 온 토란 뿌리도 심었다.

　밭일을 끝내고 나니 또 봄비가 가늘게 내린다. 조선 시대 정극인丁克仁이 벼슬을 버리고 시골로 내려와 살면서 지었다는 <상춘곡賞春曲>을 읽다가 감흥이 올라 붓글씨로 한번 써보기로 했다. 맑은 샘물을 떠다 벼루에 먹을 갈았다. <상춘곡>은 우리의 옛 가사로 아름다운 자연 속에서 봄을 즐긴다는 노래이다. 먹물을 듬뿍 찍어 써 내려간다. 나는 어느덧 선비가 되어 뒷짐을 지고 유연히 남산을 바라본다.

　봄이 되면 쉴 틈 없이 바쁘게 움직여야 한다. 한 해 농사를 잘 거두려면 무엇보다 봄 농사를 위해 정성을 다하여야 한다. 그냥 되는 것은 아무것도 없다. 농사는 농부의 발걸음 소리를 듣고 자란다고 하지 않던가. 힘들게 일은 했지만, 자연과 함께하는 즐거움은 더욱 크다. 낮에는 밭에 나가 일하고 밤에는 공부하는 주경야독晝耕夜讀을 실천하는 삶이다.

이 봄을 강촌에서 보내며 이만하면 대장부의 삶에 부족함이 있겠는가. 온 가족이 건강하게 제 맡은 일을 다 하고, 아내와 함께 마음 편히 유유자적하게 살면서 아름다운 봄을 즐기는데 더 무엇을 또 바라겠는가. 올봄은 유난히 길지만 한해 농사를 준비하고 씨앗을 뿌리고 책도 읽고 그림과 글도 쓰면서 바쁘게 지나갔다.

새벽에 구름방에서 마당으로 나오니 하얀 그믐달이 샛별과 함께 빛나고 있다. 또 하루가 시작된다. 이렇게 나의 봄날은 간다.

(2022. 12. 한국수필작가회)

수선화

　수선화가 피었다. 샛노란 꽃잎 가운데 작은 꽃술이 앙증맞다. 초록 줄기가 싱그럽게 받쳐준다. 새봄을 맞아 아내가 조심조심 화단에서 정리하던 촉이다. 한동안 꽃망울을 감추고 있더니 이윽고 샛노란 꽃이 피었다.

　수선화는 강촌집 화단에 제일 먼저 피는 꽃이다. 몇 해 전부터 아내는 수선화를 보이는 족족 사다 심었다. 지난해도 봄이 끝날 무렵 꽃이 다 져버린 하얀 수선화 한 판을 심었다. 흰 수선화는 아직은 몇 송이만 피어나 더욱 청초한 것 같다. 하얀 꽃받침 속 은은한 노란 봉오리가 수줍은 여인의 모습이다.

　아내가 수선화를 좋아하게 된 지는 오륙 년 된 것 같다. 그해 겨울은 유난히도 추웠는데 둘째 사위가 제주도 현장을 맡아 숙소를 구해 놓아 우리는 제주도에서 작은딸네와 한달살이를 했다. 그때 제주도에서 수선화를 보았다. 추운 겨울 제주도 수선화는 1월경부터 피기 시작했다. 수선화가 섬 전체에 널려 있었다. 밭두렁에도 길가에도 구석구석 수선화가 지천으로 피었다.

아내는 하얀 수선화를 너무 좋아했다. 한달살이를 끝내고 돌아갈 무렵 아내는 수선화 한 포기 캐가자고 졸랐다. 호시탐탐 기회를 노렸으나 그 많은 수선화 중 한 뿌리도 가져오지는 못했다. 아무래도 죄짓는 것 같아 화원에서 사려고도 했지만, 제주도에서는 수선화를 파는 곳이 없었다.

서울 화원에서 한 뿌리 두 뿌리 사다 강촌집 화단에 심기 시작한 것이 이제는 사오십 뿌리나 되었다. 수선화는 이곳의 엄동설한에서도 겨울을 잘 견뎌냈다. 새봄이 오면 제일 먼저 불쑥 올라와 꽃을 피운다.

추사는 제주도로 유배 가 그곳에서 수선화를 만났다. 가는 곳마다 수선화가 널려 있었다. 제주 사람들은 그 가치를 몰라보고 밭 가운데 있으면 다 파내기도 했다. 추사는 이런 수선화를 자신의 처지에 빗대어 노래했다.

一點冬心朶朶圓 (일점동심타타원)
品於幽澹冷雋邊 (품어유담냉준변)
梅高猶未離庭砌 (매고유미이정체)
清水眞看解脫仙 (청수진간해탈선)

한 점의 동심 꽃송이마다 원만하니
그윽하고 담담하고 냉철하고 빼어났구나
매화가 높다지만 뜨락을 벗어나지 못하는데
맑은 물가에서 해탈한 신선을 보는 듯하네

매화는 나무이므로 화훼인 수선보다 높이 자라 고상하다 하겠지만, 정원 밖을 벗어날 수 없다는 것이다. 반면 제주의 수선은 물가 주변 어디든 자라나니 얽매임이 없고 해탈한 신선이란 것이다. 매화와 수선의 우위를 따지는 것이 아니라 제주에 유배 온 자신의 처지에서 수선과 어떤 동질감을 더욱 느낌을 말한 것이라 하겠다. 수선에 대한 추사의 시를 보면 추사는 이미 유배의 시간을 고난이 아니라 해탈의 자유로 받아들이고 있다.(이철희, 「추사가 사랑한 꽃」)

지난해 가을 과천 추사박물관에서는 <추사가 사랑한 꽃>이라는 주제로 특별기획전이 열렸다. 이 전시회에서 나는 추사의 <水仙花賦>에 흠뻑 매료되었다. <수선화부>는 추사 선생이 여러 편의 시를 임서臨書하고 수선화를 그린 제자 소치 허련이 판각한 탑본 첩이다.

저녁이 되어 뜰로 나가니 초승달이 서산에 걸려 있다. 하얀 쪽배 같은 초승달이 작은 연못에 빠져있다. 연못 속을 한참이나 들여다본다. 연못 속 소나무와 철쭉과 진달래 가지 사이로 초승달이 수줍은 듯 걸려있다. 간간이 일렁이는 물결에 초승달도 함께 일렁인다.

  밤늦도록 뜰을 거닐다 보니 어느덧 초승달은 자취를 감추었다. 어둠 속 노란 수선화만 어렴풋이 하늘거린다.

(2020. 3. 26.)

찔레꽃

찔레꽃, 우리 주변에서 흔히 볼 수 있는 보잘것없는 꽃이다. 하지만 나는 이 꽃을 좋아한다. 강촌집에는 군데군데 찔레꽃이 핀다. 아내도 이 꽃을 좋아해 뽑지는 않는다. 앞마당 울타리에 핀 찔레꽃은 너무 크게 자라서 큰 무더기를 이룬다. 이 찔레꽃이 흐드러지게 피면 온 마당은 하얀 꽃잎과 노란 수술에서 퍼지는 은은한 향기에 묻힌다. 저녁노을이 질 때면 우리 부부는 마당에 나와 찔레꽃 향기에 흠뻑 젖는다. 찔레꽃 필 무렵이 그리워진다.

『한국수필』 9월호 특집으로 목성균의 「찔레꽃 필 무렵」이 실렸다. 목성균은 "해마다 찔레꽃이 피면 녹동항에 가서 저무는 섬을 건너다보고 싶어진다."라고 했다. 그 섬은 소록도이다.

찔레꽃이 피면 나는 한하운처럼 울음을 삭이며 혼자 녹동항에 가고 싶어진다. 가도 가도 끝이 없는 누런 보리밭 사이로 난 전라도 천 리

길을 뻐꾸기 울음소리에 발맞추어 폴짝폴짝 붉은 황토 흙먼지 날리며 타박타박 걸어가고 싶다. 거기까지 가는 길이 얼마나 멀고 서러운 길인지 알고 싶다.

내가 시인 한하운을 알게 된 지는 퍽 오래전이다. 지금 생각하면 정확하게 언제인지는 알 수 없지만, 그의 책을 통해서이다. 끝없는 황톳길, 전라도 길을 서럽게 울면서 쓴 글이었다. 한하운은 이 길을 걸어서 글을 쓰고 시를 노래했다. 자신은 문둥병에 걸려 녹동으로 걸어갔다. 가는 곳마다 하얀 찔레꽃이 피어 있었다.

목성균은 우연히 녹동항이 소록도로 건너가는 나루터임을 알고 어린 날을 회상했다.

내가 소년일 때다. 사립짝 안으로 말없이 하얀 중의 적삼을 입은 남자와 하얀 치마 적삼을 입은 여자가 손을 잡고 들어와 섰다. 남자는 밀짚모자를, 여자는 무명수건을 내려써서 얼굴을 가렸다. 그들은 말없이 서 있었다. 어머니가 바가지에 보리쌀을 한 사발쯤 되게 담아 가지고 가서 바랑에 부어 주었다. 그들은 손을 잡고 사립짝 밖으로 나갔다. 나도 따라 나가서 그들의 뒷모습을 보았다. 눈 부신 햇살 속으로 손을 잡고 걸어가는 그들의 뒷모습이 찔레꽃 한 무더기처럼 슬펐다. 뻐꾸기가 청승맞게 울었다.

나의 어린 시절에도 문둥병 환자들이 많았다. 사람들은 전염병에라도 걸릴 것처럼 모두가 꺼렸다. 어릴 적 살던 우리 집에서 산을 넘어가면 용당이라는 마을이 나온다. 산 위에서 보는 마을은 평온하고 아늑한 작은 어촌이다. 그때만 해도 포구에는 돛을 단 고기잡이 배가 많았다. 이 마을을 지나 신선대 쪽으로 가다 산 쪽으로 올라가 또 산 하나를 넘어가면 문둥이 마을이 나왔다. 이 마을은 산비탈에 지어진 군 막사 같은 건물들로 일렬로 줄지어 있었다. 그곳에는 많은 문둥병 환자들과 그 가족들이 살고 있었다. 농사를 짓고 닭도 키우며 살았다. 그들은 우리와 다를 바 없이 자식들을 키웠다. 온 가족이 함께 살던 문둥이 마을은 오륙도가 보이는 아름다운 바닷가 마을이었다.

목성균은 운전면허를 따고는 녹동항으로 여행을 떠났다. 찔레꽃 필 무렵이라 가는 길 곳곳마다 찔레꽃을 만나며 한하운을 회상했다. 찔레꽃은 서러운 문둥이를 위해 피는 꽃은 아니지만, 한하운의 슬픔을 녹여 주었다.

막 해가 넘어가고 있었다. 건너편 섬이 노을 속에 잠겼다. 신항을 건설하는 한적한 방파제에 차를 세우고 섬 모퉁이를 건너다보았다. 교회와 나환자의 병동 같아 보이는 하얀 건물들이 노을에 빛났다. 하얀 수성페인트를 누추해질 새 없이 칠하고 있는 것이 분명하다. 그런데 섬 기슭에 하얗게 찔레꽃이 여기저기 피어 있었다. 얼른 보기에 우리 집에서 보리쌀 한 사발을 얻어 가지고 동구 밖 둥구나무 그늘아래 앉아있던 문둥이 내외간 같아 보였다. 금방이라도 필닐니리 보리피리 소리가 들려올 것만 같았다.

감상평에는 "소리꾼 장사익에게도 찔레꽃은 너무나 슬픈 꽃이었다. 그는 찔레꽃 향기가 너무 슬퍼서 밤새워 울었다고 피를 토해내듯 노래한다… 밤새워 울어도 서러움을 다 털어내지 못한 꽃, 찔레꽃."이라 했다.

한하운이 노래한 전라도 길을 따라 목성균은 찔레꽃을 보면서 쓴 「찔레꽃 필 무렵」은 그의 대표작이 되었다. 지금도 그의 수필집 『누비처네』는 나의 서재에서 제일 가까이 두고 있다. 나는 글이 잘 써지지 않을 때엔 그의 수필을 읽는다.

내년 봄 찔레꽃이 피면 장사익의 노래를 들으며 목성균의 「찔레꽃 필 무렵」을 아내에게 읽어주고 싶다.

(2019. 9. 18.)

달밤

　모곡 홍천강을 지나 소리산 숯가마로 간다. 연휴 첫날이라 한적하다. 자리를 펴놓고 가마 안으로 들어가 따끈한 명석 위에 드러 눕는다. 이내 잠이 든다.
　한숨 자고 나니 아내는 코까지 골았다며 핀잔을 준다. 하기야 나보다는 아내가 더 피곤했을 테니 그럴 만도 하다. 그저께가 아버지 기일이라 그동안 아내의 피로가 많이 쌓였을 것 같아 서둘러 밭일을 끝내고 숯가마로 온 것이다. 아내는 뜨거운 꽃탕 가마에 드나들며 땀을 흘린다. 벌써 옷이 흠뻑 젖었다. 수건으로 땀을 닦으며 숯가마는 눈을 맑게 해준다며 만족해한다. 나는 고온 가마에서 졸다 밖으로 나와 책을 읽는다.
　저녁때가 되니 뭘 먹을 거냐기에 아내보고 먹고 싶은 걸 시키라 했다. 된장찌개에 고등어 숯불구이를 먹자고 한다. 막걸리도 한 병 시켜 한 잔씩을 따랐더니 나보고는 한 잔만 하란다. 밤 운전을 해야 하지 않느냐며 나머지는 아내가 모두 비웠다.

아내는 너무 지쳤는지 며칠간 입맛이 없어 밥을 먹지 못했다. 어제도 밥을 물에 말아 먹는 둥 마는 둥 하던 것이 생각났다. 아내는 맛있게 먹으면서 "이런 게 다 소확행이에요. 행복이 별건가요." 한다.

아홉 시가 지나 찜질을 끝내고 나오는데 느티나무 사이로 둥근 달이 보인다. 한참을 보는데 한순간 달은 구름에 들어가 버린다. 집으로 가는 길에 막걸리를 한 병 사 왔다. 아내는 소반에 막걸리 한 병과 무청 김치 한 접시를 차려온다. 아까 구름 속으로 숨었던 달이 나와 있다. 흔들의자에 앉아 달을 본다. 멀리 산 능선 위로 달은 벌써 중천에 가 있다. 달 위로 조그만 샛별도 함께 떠 있다. 나는 큰 사발에 막걸리 두 잔을 가득 따랐다. 단숨에 막걸리 한 사발을 벌컥벌컥 마시고는 무청 김치도 한 입 먹어본다.

"무청 김치와 막걸리는 궁합이 맞네."
"그러네요. 막걸리에는 무청 김치가 제맛이에요."
아내는 가만히 말하면서 나를 빤히 쳐다본다.
'저 양반이 수필 공부를 한다더니 별짓을 다 하는구나.' 하는 표정이다.
"수필 공부가 참 어렵소. 좋은 수필을 쓰려면 저런 달을 묘사하고 사색도 해야 한다는데 말이요."
"너무 잘하려고 하지 마세요. 그냥 즐겁게 하세요."

"그러게 말이요…."

"……."

"오늘따라 무청 김치가 참 맛이 있소."

아내는 그런 나를 보고 웃기만 했다.

"좋은 수필은 묘사와 사유를 해야 한다."라는 말이 귓전을 맴돈다. 수많은 시인 묵객들은 저 달을 보고 아름다운 시와 문장으로 노래했다. 그들이 어느 날 갑자기 그렇게 된 것은 아닐 것이다. 풍부한 독서와 사색을 통한 사유의 결과이리라. 제대로 된 글을 쓰려면 누에가 뽕잎을 먹고 몇 잠을 자듯이 충분한 독서와 사색을 거쳐야 할 것이다. 누에가 고치가 되어 비단실을 뽑기까지는 다섯 번의 잠을 잔다고 하지 않았던가.*

달빛이 뜰 안에 가득 차니 구절초가 하얗게 빛난다. 보랏빛 목수국은 달빛 아래 사위어 간다. 남산에 뜬 달은 어느덧 노란 안개 띠로 둘려져 흐릿하게 어우른다. 구월 열사흘 둥근달은 달무리져 서산으로 옮겨가고 멀리서 산새 소리만 구성지게 들려온다. 내일은 비가 오려나 보다.

(2022. 10. 8.)

*윤오영의 「양잠설」 비유.

소금 담그기

　불볕더위가 기승을 부린다. 이글거리는 햇볕 아래 만들어진 하얀 소금이 도착했다. 지난달 아내가 비금도에 소금 스무 포를 신청했는데 계속되는 비 때문인지 7월 마지막 날이 되어서야 배달되었다. 아내는 TV에서 7년간 간수를 뺀 소금은 약이라는 방송을 보고는 소금 들여놓을 때가 되었다고 했다.

　새벽에는 한줄기 소낙비가 내렸다. 불볕더위에 달구어진 밭과 마당을 시원하게 식혀준다. 아내는 빨리 소금을 담가야 한다며 묵은 소금을 꺼내고 새 소금으로 담그자고 했다. 강촌에 집을 장만하고서는 소금을 두어 해 걸러 열 포씩을 사서 장독에다 담가 간수를 빼서 쓰고 있다. 최소한 3년 이상은 묵혀야 제대로 간수가 빠진 소금을 쓸 수가 있다. 그래야 소금은 단맛이 난다고 했다. 소금이 달아야 된장도 맛이 있고 간장도 달다고 했다. 김장 역시 간수를 뺀 소금으로 배추를 절여야 제대로 맛이 난다며 아내는 이를 철저히 지킨다.

뒷마당 장독대는 강촌집을 장만하면서 제일 먼저 만들었다. 그동안 쓰던 장독들을 옮기고 아내는 장독을 모으기 시작했다. 십여 년 전만 해도 장독들은 여기저기서 쉽게 구할 수가 있었다. 아파트에서 내다 버린 장독이나 옹기점이나 재활용센터에서 돈을 주고 사 모았다. 요즈음은 버린 장독도 없고 값이 비싸져 더는 늘리지 않는다.

소금 담그기는 큰 장독에다 주로 한다. 독 안을 깨끗하게 닦아내고 바닥에 벽돌을 세우고 그 위에 소금 포대를 올려놓으면 소금 담그기가 끝이 난다. 오뉴월 뙤약볕이나 엄동설한에서도 장독 속 소금은 간수를 뱉어내며 익어간다. 이렇게 한 삼 년 지나야 쓴맛이나 독성이 빠져 제대로 된 소금이 된다.

소금 담그기를 하면서 유독 내 마음을 사로잡는 장독이 눈에 띈다. 텃밭 앞 소나무 아래 세워둔 오래된 잿빛 옹기는 높이가 내 허리춤까지 오고 몸통도 큼직하고 튼실하게 생겼다. 윗목 부분과 몸통이 완만한 곡선을 이루고 어깨 부분에는 줄과 점 문양이 빙 둘러 넣어져 있다. 얼른 보기에는 단순하지만 날렵하고 중후한 맛이 난다. 어찌 보면 중년의 인심 넉넉한 마님의 모습 같아 보인다. 또 하나는 청단풍 아래 세워둔 장독이다. 이 옹기는 높이는 조금 낮으나 몸통은 통통하고 색깔은 짙은 암갈색으로 아주 단단하고 야무지게 생겼다. 젖먹이를 둘러업은 새색시의 모습을 닮은 것도 같다.

소금 담그기를 끝내면서 이마에 흐르는 땀을 씻으며 나는 이 장독들을 보며 아내의 모습을 본다. 스무 살에 시집을 와서 없는 살림에 아이 셋을 낳고 억척스럽게 살던 새색시 시절 아내의 모습과 살림이 늘어 중년을 넘어서는 무엇이든 베풀려는 안방마님 같은 아내의 모습이 떠오른다.

우리 부부가 일 년 동안 소금 몇 포씩을 어찌 먹겠느냐마는 아직도 우리 집은 한 해에 소금을 세 포 이상 쓴다. 가족들에게 간장과 된장이나 김치를 담가 주기 위해 소금을 스무 포나 담그고 있는 아내의 모습을 보면 안쓰럽고 고맙다.

오늘 담근 소금이 약소금이 되려면 일곱 해를 지나야 한다. 내가 건강하게 살 수 있는 것은 간수 뺀 소금 때문이기도 하다. 아마 약소금까지 먹게 되면 더 오래 살 수도 있을 것이다.

(2021. 8. 『자유마당』)

구절초 필 때

 구절초가 피었다. 강촌집 어귀부터 무리 지어 있다.
 울타리 대문을 들어서니 더 많이 피어있다. 가을바람에 하늘하늘 흔들리는 모습이 어서 오라고 손짓하는 듯하다. 지난주부터 조금씩 꽃대를 올리더니 이번 주에는 활짝 피었다. 구절초는 흰 꽃과 분홍 꽃인데 우리 집에는 주로 흰 꽃이 핀다.
 중양절인 음력 구월 구일에 꽃을 꺾어 꽃잎으로 국화주를 담그기 때문에 구절초라 한다. 꽃말은 '순수, 고절, 고상, 어머니의 사랑'이다. 순수나 고상, 고절이나 어머니의 사랑이 모두 같은 것이어서 그럴까.
 가을이면 강촌집 마당 구석구석에 구절초가 피면 옅은 국향이 은은하게 풍겨 온다. 도연명의 "彩菊東籬下채국동리하 悠然見南山유연견남산, 동쪽 울타리 아래서 국화를 따다가 유연히 남산을 바라본다."라는 시가 떠오른다. 유연悠然하다는 유유하고 태연하다는 말이다. 아무것에도 메이지 않고 자기가 하고 싶은 대로 하며 마음 편히 사는 삶, 즉 유유자적한다는 뜻이리라. 그래서 도연명의 음주飮酒는 많은 선비가 꿈꾸었던 로망이었다. 그는 집이 가난하여 벼슬에 나갔지만 자기 뜻과 맞지 않고 집이 그리워 고향으로 돌아오며 「歸去來辭귀거래사」를 지었다.

돌아가자. 전원이 황폐하고 있거늘 어찌 돌아가지 않을 것인가
지난 일은 공연히 탓해야 소용이 없음을 깨닫고 앞으로 바른길을 좇는 것이 옳다는 것을 알았네
마침내 저 멀리 집 대문과 지붕이 보이자 나는 기뻐서 뛰었다네
뜰 안의 세 갈래 작은 길은 온통 잡초에 덮여 황폐했으나 아직도 소나무와 국화는 시들지 않고 남아 있네
어린 자식의 손을 잡고 방 안으로 들어가니 술 단지에는 아내가 정성 들여 담근 술이 가득 찼구나
술 단지와 술잔을 끌어당겨 술을 따라 뜰의 나뭇가지들을 즐거운 낯으로 미소 짓고 바라보네….

내가 도연명의 「귀거래사」를 읽은 것은 오래전이다. 50대 때는 바쁘고 힘든 시절 문득문득 일상에서 벗어나 자연에서 한번 살아 보고 싶었다. 그런 막연한 심정을 가지고 있을 때 「귀거래사」를 읽고 매료되었다. 나도 언젠가는 자연으로 돌아가 유유자적하면서 살리라 다짐했다. 그러던 중 우연한 인연으로 강촌에 집을 갖게 됐다. 아내는 처음에는 별로 탐탁지 않아 했지

만 나의 로망이라니 어쩔 수 없이 동조해 주었다.

주말마다 시간을 내어 강촌을 들락거렸다. 나무를 사다 심고 꽃과 잔디도 심었다. 구릉지에 흙을 십여 대 넣어 밭을 만들었다. 비지땀을 흘리며 집을 가꾸고 농사를 지었다. 주중에는 회사 일에 매여 정신없이 지내다 주말이면 어김없이 강촌으로 내려왔다. 될 수 있으면 다른 약속을 하지 않고 골프나 등산도 끊고 오직 강촌집에 매달렸다.

한 해 한 해 지나면서 강촌집은 서서히 자리가 잡혀갔다. 멋모르고 덤볐던 시골 일이 힘들고 적응하기 힘들었지만 아내와 나는 열심히 일했다. 이런 우리를 보고 동네 사람들은 한심하다고 했다. 매주 시골에 내려와 돈도 안 되는 농사는 왜 짓느냐고 하지만 나는 강촌집이 좋았다. 힘이 들어도 예초기를 메고 풀을 깎거나 잔디 기계로 잔디를 깎을 때는 휘파람이 절로 나오기도 한다.

몇 해 전부터 계절마다 꽃이 피고 진다. 물안개가 자욱한 새벽녘의 신비로운 전원 풍경이나 어스름 저녁놀 황혼이 깃들면, 느끼는 감정은 무엇과도 바꿀 수 없다. 새하얀 눈 속에 묻힐 때의 그 고즈넉한 설경, 교교한 달빛 아래에서 보는 그 아름다움은, 때로 나를 슬프게도 한다. 봄비가 소리 없이 내리거나 밤새 굳은 비가 추적추적 오면 막연한 그리움에 젖기도 한다. 낮에는 힘껏 일하고 밤에는 다락방 서재에서 글 읽는 재미 또한 큰 즐거움이다.

구절초가 필 때면 생각나는 사람이 있다. 강촌집 이웃에는 세 집이 살고 있다. 그중 한 집은 서울에서 세무사를 하는 형님뻘 되는 분이다. 이곳에 먼저 터를 잡고 집을 지었다. 가을이면 구절초가 흐드러지게 피었다. 그 집 형수님한테 구절초 몇 포기를 얻어다 우리 집에 심었다. 밭농사도 풀 하나 없이 깨끗하게 잘 지었는데 모두가 그 형수님이 부지런히 일해 일구어 놓았다. 그런데 그 형수님이 시름시름 앓아 밭일도 못 하게 되었다. 치매로 요양원으로 갔다. 집과 밭은 급격히 황폐해져 지난겨울이 되자 다른 사람에 팔렸다. 집을 팔고 떠나던 날 아내가 점심을 준비해 식사를 함께했다. 새 주인으로 바뀌자 올 가을에는 구절초가 별로 보이질 않았다. 우리집 구절초를 보니 그 형수님의 하얀 얼굴이 떠오른다.

오늘은 밭에 나가 땅콩을 캤다. 그리고 대추나무에 달린 대추도 털었다. 아내는 꽃밭에 난 잡풀을 뽑고 붉어진 고추도 땄다. 우리에게 수확은 그다지 중요하지 않다. 팔 것도 아니고 그저 우리 먹을 것 조금이면 된다. 올해는 고추 농사가 잘 되어 아내는 스무 근이나 주문을 받았다. 집에서 쓸 것 반을 남겨두고 방앗간에 고추를 빻으러 갔다. 삼십 근이 넘게 나와 또 열 근을 팔았다며 아내는 좋아 어쩔 줄 모른다.

저녁을 먹고 우리는 마당으로 나왔다. 구절초를 감상하기 위해서이다. 어둑어둑해진 마당 군데군데 핀 구절초가 하얗게 빛나고 있다. 우리는 마당을 몇 바퀴나 돌면서 구절초에 흠뻑 취한다. 하늘에서 별빛이 총총히 내린다. 다음 주말에는 보름달이 뜰 것 같다. 내일은 서실에 나가 도연명의 시구인 "彩菊東籬下 悠然見南山"을 써 보아야겠다.

(2019. 9. 29.)

섣달 스무아흐렛날

섣달 스무아흐렛날이다.

어머니는 설을 사흘 앞두고부터 초조해하셨다. 내일모레가 설인데 하면서 한숨만 쉬셨다. 아버지는 오늘도 빈손으로 들어오셨다. 내일 내일 하며 미루었지만 어쩔 수 없었다. 어머니는 기다리다 못해 어떻게 변통했는지 섣달그믐날이 되어서야 장엘 다녀오셨다. 다섯 남매 설빔으로 옷도 사고 설 쇨 음식 준비도 했다.

어쩌다 떡국을 하게 되면 누나와 나는 교대로 방앗간 앞에 쌀 다라를 늘여놓고 줄을 서 기다려야 했다. 하지만 몇 시간이 걸려서라도 떡국을 할 수 있다는 게 즐겁기만 했다. 설빔으로 받아 입은 코르덴 바지가 생각난다. 밤색 코르덴 바지의 폭신한 감촉이 그렇게 좋을 수가 없었다. 그 옷을 입고 천방지축으로 뛰어다녔다. 어머니는 그러다 금세 옷이 다 해지겠다며 나무랐다. 지금도 이맘때가 되면 어머니의 한숨 소리가 귓전에 들리는 듯하다.

아내는 설을 앞두고 한 달 전부터 준비하고 있다. 대목장을 피해 여유 있게 해야 물건도 좋고 가격도 싸다며 조금씩 사다 모았다. 춘천 풍물 장날은 2일과 7일이다. 지난달 마지막 장날은 음력으로 섣달 열흘이었다. 섣달이 되면 장에는 사람들이 많아졌다. 물건들도 풍성하고 가격도 싸다며 아내는 조기와 문어를 샀다. 조기는 조금 꾸덕하게 말리고 문어는 살짝 삶아 냉동실에 넣어둔다.

지난 7일은 섣달 스무엿샛날이었다. 설 대목장이다. 설을 앞둔 마지막 장날인 데다 일요일까지 겹쳐 사람들이 서로 부딪히며 다녀야 했다. 아내는 앞장서고 나는 시장 가방을 들고 뒤따랐다. 할머니가 농사지어 가지고 온 녹두와 팥을 샀다. 얼마냐고 아내가 묻자 만 원인데 많이 담았다고 했다. 조금 올라가 채소전에서 도라지를 샀다. 껍질만 벗겼는데 음식 할 때 찢으라고 면도칼도 넣어주었다. 돋보기를 파는 좌판에서 늙수그레한 주인이 돋보기를 두들기며 열을 올린다. 적외선 투과를 막아 눈을 보호한다는데 믿을 수 없어 보였지만 아내는 만지작거리다 두 개를 살 테니 깎아 달라고 하니 고무장갑 두 개를 덤으로 준다. 한참을 올라와 강정 가게에서 유과를 골랐다. 지난번 추석에 샀는데 맛이 좋았단다.

장터가 끝나는 지점을 돌아서 내려오다 할머니가 팔고 있는 깻잎과 무 오그락지와 고추절임도 만 원어치 달라고 한다.

"단골이라 많이 넣었어."

"이 할머니 것이 맛이 있어요."

"저렇게 많이 주면 남는 게 없을 텐데."

"내가 농사를 지었으니 많이 주는 거야."

찐빵집에 들러 지난번 장날 주문해 두었던 찐빵도 두 상자 샀다. 앞집 형님과 동네 인석이 형에게 줄 선물이다. 앞집 형님은 우리가 서울로 가면 개밥과 더운물을 챙겨주고 있다. 인석이 형은 우리 밭을 트랙터로 갈아준다. 앞집 형님은 찐빵을 좋아해 아침밥 할 때 두 개를 쪄 놓았다가 점심으로 때우기도 한다고 했다.

아내는 손주들 다섯의 설빔을 일일이 챙겨준다. 다니다 마음에 드는 물건이 보이면 사기도 하고 아름다운 가게에서 반값으로 사 오기도 한다. 올해는 내 것으로 살레와 등산 장갑도 사 왔다. 어제는 은행에서 세뱃돈도 바꾸었다. 손주들 세뱃돈은 새 돈으로 은행 봉투에 넣어주어야 한다며 만 원짜리로 스무 장을 바꾼다.

이번 설에는 코로나로 함께 모일 수는 없다. 다섯 명 이상 모이질 말라고 했지만, 설에 오지 않겠다는 자식은 아무도 없어 서로들 교대로 오라고 했다. 저녁에 아들 며느리가 손녀 소은이를 데리고 왔다. 다섯 명이 됐지만 떼어 놓고 올 수는 없다. 설날 차례를 지내고 작은딸과 교대하고 맨 나중에 큰딸을 오라 한다.

이번 설은 음식을 좀 줄여서 하자고 했다. 아내는 소고깃국 한 솥을 끓여 놓았다. 그리고 만두소 한 다라 버무려 놓고는 또 빈대떡 녹두도 한 다라 씻어 놓는다.

"음식을 줄인다더니 이렇게 많이 했어요."

"그래도 이 정도는 되어야 해요. 올해는 전을 줄일 거예요."

"혼자서 너무 힘들지 않겠소."

"줄이려고 해도 하다 보면 이렇게 돼요."

'그렇구려. 그동안 고생 많았소, 47년 동안 제사 지내느라 고맙소. 우리가 이만큼 사는 게 모두 당신 때문이요.'

마지막 이 말은 마음속으로 했다.

오늘은 섣달 스무아흐렛날이다.

나는 이맘때만 되면 어머니가 생각난다. 그때는 하루하루가 애타고 가슴 졸이는 날이었지만 그 시절이 그립기도 하다. 지금도 어머니의 한숨 소리가 잊히질 않는다. 하지만 고생만 하고 돌아가신 어머니께 이제 할 수 있는 일은 정성 들여 준비한 제사상뿐이다.

아무리 다섯 명 이상은 모이지 말라지만 설날 차례에는 고덕에 사는 아우는 오라고 해야겠다. (2021. 2. 9.)

안단테 안단테

안단테, 안단테. 느리게, 느리게.

모든 일에 한 템포씩 늦추어야 한다. 천천히, 천천히.

밤길을 운전하다 차를 긁고 말았다. 서예 공부를 마치고 오니 아내는 강촌 갈 준비를 다 해놓고 있었다. 금요일 퇴근길이라 올림픽도로는 많이 밀렸다. 남양주 톨게이트에서 아내와 운전을 교대했다. 고속도로를 달리는 동안 피곤했는지 깜빡깜빡 졸았다. 강촌 하나로마트에 도착하니 문 닫을 시간이라며 아내는 급하게 저녁 반찬거리를 사 왔다. 내가 다시 운전대를 잡았다. 아내는 단골 정육점에 들러 차돌박이도 조금 샀다.

마을 길로 들어서니 새로 콘크리트로 포장한 길이 하얗게 빛나고 있었다. 버스정류장을 지나 개울 길을 지나는데 길 가장자리로 풀이 우거져 길이 한층 좁아 보였다. 뒤에서 차 한 대가 헤드라이트를 켜고 따라왔다. 빨리 가야겠다는 마음에 무심코 커브 길에서 갑자기 차 긁히는 소리가 났다. 순간 어쩔 도리가 없이 차를 세울 수도 없어 그냥 지나오고 말았다.

"여보, 이를 어떻게 해요. 좀 조심해야지."

"…"

"어쩔 수 없어요. 보험도 받을 수 없는데 그냥 타는 수밖에…."

집에 도착해 차를 보더니 아내가 말했다.

"풀이 너무 자라서 잘 안 보였나 봐요. 너무 속상해하지 말아요."

시무룩한 나를 보고 아내는 위로했지만 나는 아무 말도 못한 채 차에서 내려서니 몸이 다 휘청거렸다.

안단테, 안단테. 천천히, 천천히.

모든 일에 한 템포씩 늦추자며 입버릇처럼 말해 왔는데 또 이런 실수를 하다니…. 밥맛도 없고 잠도 잘 자지 못했다. 주말 내내 나의 성급함을 자책했다. 뭐가 그렇게 하고 싶은 게 많냐는 아내의 잔소리에도 아랑곳 않고 아직도 서예에다, 수채화에 수필까지 쓴다며 바쁘게 살다 생긴 일이라며 아내가 말했다. 내가 생각해도 틀린 말은 아니다. 지금 나에게 가장 중요한 일이 무엇인지 내가 하고 싶은 일만 하고 있으니 한심하기 짝이 없다. 가장 가까운 아내에게까지 환영받지 못하는 일을 하고 돌아다니니 오죽할까 싶다. 일주일에 서예 하러 세 곳이나 다니는데 게다가 동우회에서는 회원들 지도까지 하고 있으니 말이다.

안단테, 안단테. 느리게, 느리게.

이제는 한 템포씩 늦추어야 한다. 서예부터 줄여야 한다. 그동안 초대작가도 되었는데 정작 작품 활동은 하지도 못한다. 다른 것도 마찬가지이다. 너무 욕심부리지 말고 가볍게 해야 한다. 취미 생활답게 여유 있게 해야겠다.

아들에게 사고를 알렸더니 며느리가 듣고는 보험을 받을 수 있도록 해주었다. 차 수리 센터도 알아보고 싸고 잘하는 곳을 물색해 주었다. 수리 센터에 차를 가지고 갔더니 아들이 기다리고 있다가 집에까지 태워다 주고는 저녁까지 사주었다.

사흘 만에 수리 센터에서 차를 고쳤다며 며느리가 알려왔다. 새 차처럼 말끔하게 고쳐졌다.

"아버님, 천천히, 천천히 운전하세요."

"그래, 고맙다."

반짝반짝한 차를 가지고 돌아오는 내 마음도 장맛 속 쨍하고 빛나는 햇볕처럼 산뜻해졌다.

절대 과속하지 말자. 1차선으로는 달리지 말자. 밤길운전도 하지 말자. 빗길이나 눈길은 운전하지 말자. 모든 일에 한 템포씩 늦추자. 느리게, 느리게. 안단테, 안단테.

(2021. 7. 17.)

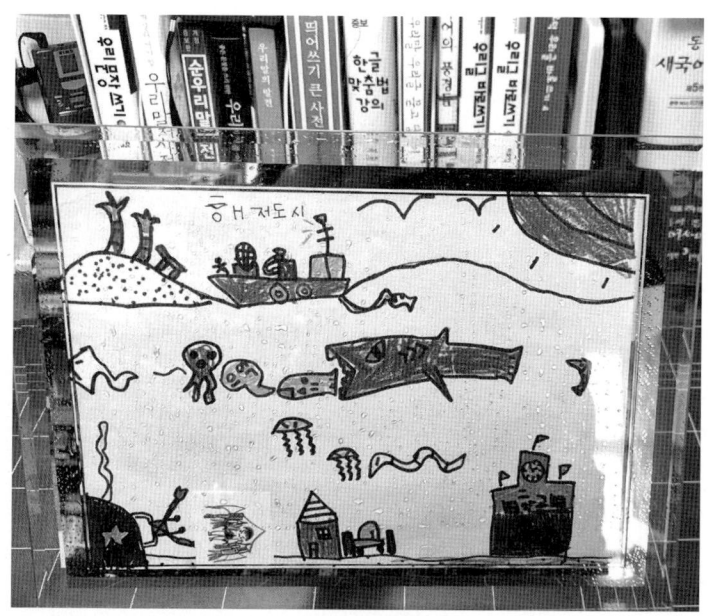

주원이 그림 〈해저도시〉

3.
귀거래사

　나의 고향은 옻골 마을이다. 옻골(漆溪)은 산골 마을이다. 봄이면 마을에는 온갖 꽃들이 피기 시작하고 분홍빛 복사꽃과 하얀 감꽃이 마을을 뒤덮으면 꽃 대궐이 된다. 마을 뒷산에는 '대바우'라고 불리는 큰 바위가 마을을 내려다보고 있다. 이 바위는 거북의 형상이라 광양 현감을 하신 할아버지가 동구밖에 연못을 파고 그 둘레에 느티나무를 심었다. 마을 어귀를 지나오면 개울이 있고 다리를 건너면 400년 동안 회화나무 두 그루가 마을을 지켜주고 있다.

간이역

나에게는 간이역의 추억이 있다.

초겨울 소슬바람이 불던 날이었다. 하늘은 먹구름으로 잔뜩 찌푸려 있었다. 그날 나는 무슨 심사(心思)였는지 무작정 집을 나섰다. 무턱대고 걸어서 부산진역까지 갔다. 그리고는 겁도 없이 대구행 완행열차를 탔다. 아마 중학교 2학년이었던 것 같다.

아무 말도 없이 그냥 집을 나온 것이다. 가출을 하려고 집을 뛰쳐나온 것도 아니고 울적한 마음에 대구 숙부님 댁에서 사는 누나가 보고 싶어 집을 나온 것이다. 그러다 보니 수중에는 돈 한 푼 있을 리 없었다. 옷도 교복을 입은 채였다. 당시 나에게는 까만 교복 외에 별도의 외출복도 없었다.

기차가 청도역을 지나 남성현역에 도착했다. 밖은 막 어둠이 깔렸다. 철로 건너 이층 박공지붕 역사에는 노란불 빛이 비쳐 왔다. 하늘에서 눈발이 흩날리기 시작했다. 기차에서 내렸다. 기차는 하얀 수증기를 내뿜고 긴 경적을 한번 울리고는 십 리

굴을 향해 떠났다. 겁이 덜컥 났다. 기차표도 없었고 생전 처음 와보는 곳이었다. 철로 건널목을 따라 조그만 역사(驛舎)로 향했다. 길섶으로 커다란 은행나무 한 그루가 우뚝 서 있었다. 노란 은행 나뭇잎이 소복이 쌓여 있었다. 역사 안에는 백열등 불빛 아래 까만 난로 주변에 사람들이 옹기종기 모여 앉아 불을 쬐고 있었다. 차마 문을 열고 들어갈 수 없었다.

바깥에서 서성이는데 또 한 번 기차의 경적이 울려왔다. 부산으로 내려가는 기차가 들어왔다. 역 안에서 불을 쬐던 사람들이 밖으로 나와 선로를 건너 기차를 타러 갔다. 나도 그들 뒤를 따라 기차에 올랐다. 기차는 어둠을 뚫고 달렸다. 삼랑진역을 지나고 있었다. 멀리 낙동강 위로 갈라진 철로는 어둠 속으로 사라졌다. 나는 두리번거리며 살폈다. 열차 문이 열리더니 역무원 아저씨가 나타났다. 나는 급하게 몸을 숨겨 다음 칸으로 갔다. 가다 보니 마지막 칸이어서 더는 갈 수가 없었다. 나는 겁에 질려 엉거주춤 서 있었다.

검은 제복에 붉은 줄이 쳐진 모자를 쓴 역무원 아저씨가 나를 쳐다보았다.

한 손에 검표 가위를 들고 말을 했다.

"기차표 내봐요."

"표가 없는데예."

"어디서 탔지."

"부산진역에서 타서 대구로 가다 남성현역에서 내려 다시 탔습니다."

"표도 안 끊고 기차를 탔어?"

"대구에 있는 누나가 보고 싶어서요."

한참 나를 빤히 내려보더니 더 이상 말을 하지 않았다. 그리고는 따라오라고 했다. 기차 맨 끝쪽으로 가더니 앉아 있으라고 했다. 기차는 시나브로 종착역인 부산진역에서 멈추었다. 사람들이 모두 내리자 나보고도 내리라고 했다. 그리고는 어둠 속 철로를 건너더니 가시나무 울타리 속으로 난 개구멍을 가리키며 빨리 나가라고 눈짓했다.

"다시는 이런 짓 하지 마라."

"네, 고맙습니다."

아저씨는 고개를 끄떡이며 얼른 가라고 손짓하고 돌아서 다리를 절뚝거리며 부산진역 쪽으로 사라졌다.

나는 지금도 그 역무원 아저씨가 눈에 선하다. 늙수그레한 눈이 선하게 생긴 그 아저씨가 생각난다. 그때 왜 나를 그냥 보내 주었을까. 나는 살아오면서 많은 사람의 도움을 받았다. 나에게 이 세상을 제대로 살아야 한다는 걸 무언으로 가르쳐준 분이라고 생각한다. 내가 이만큼 살 수 있었던 것도 많은 사람의 배려와 사랑이 있었기 때문이다.

간이역의 추억을 떠올리다 보니 그 시절이 그립다. 낯설었던 간이역 남성현역의 박공지붕 불 켜진 풍경이 보고 싶다. 지금은 간이역은 사라졌지만 그때의 은행나무는 지금도 있을 것 같다. 언젠가 남성현역에 내려 대합실 안에도 한 번 들어가 보고 싶다. 십 리 굴은 와인 창고로 변했다는데 그곳도 한번 가 보고 싶다.

　부산진역에도 내려 절뚝거리며 걸어가던 역무원 아저씨의 모습도 그려 보고 싶다.

(2022. 12. 25.)

귀거래사

나의 고향은 옻골 마을이다. 옻골漆溪은 산골 마을이다. 봄이면 마을에는 온갖 꽃들이 피기 시작하고 분홍빛 복사꽃과 하얀 감꽃이 마을을 뒤덮으면 꽃 대궐이 된다. 마을 뒷산에는 '대바우'라고 불리는 큰 바위가 마을을 내려다보고 있다. 이 바위는 거북의 형상이라 광양 현감을 하신 할아버지가 동구밖에 연못을 파고 그 둘레에 느티나무를 심었다. 마을 어귀를 지나오면 개울이 있고 다리를 건너면 400년 동안 회화나무 두 그루가 마을을 지켜주고 있다.

옻골마을에는 30여 채의 기와집이 남쪽으로 줄지어 있고 마을 동쪽과 서쪽 골짜기 아래로 작은 실개천이 흐른다. 동쪽 개울가에는 정려각이 세워져 있다. 청석바위 아래에는 개울물이 항상 고여있는 동계정東溪亭이라 불리는 정자가 있다. 마을 맨 위에는 종가인 백불고택百弗古宅이 있다. 종가에는 사당과 재실이 있고 사랑채와 안채가 마을의 끝을 이룬다. 종가 뒤로 산으로 이어져 멀리 팔공산에 이른다.

종가 앞집이 고조부 대부터 살았던 나의 고향 집이다. 안채와 사랑채 마당에는 작약을 비롯해 온갖 꽃들이 핀다. 이곳에서 아버지가 태어나셨고 어머니가 시집을 오셨다. 아버지는 누나가 태어나자 아랫마을 과수원으로 새집을 지어 살림이 났다. 나는 과수원집에서 태어났는데 다섯 살 되던 해 아버지는 직장을 따라 부산으로 이사를 했다.

내가 혼자 고향을 찾아간 것은 중학교 일학년 여름방학 때였다. 부산진역에서 기차를 타고 가는 길은 멀기만 했다. 석탄을 때는 증기기관차는 역마다 가다 서다 하며 시나브로 한나절 지나서야 대구역에 내려주었다. 반야월로 가는 버스를 타고 동촌유원지를 지나 방촌 버스 정류소에서 내렸다.

신작로를 건너 과수원길로 들어서니 온통 사과밭이었다. 탱자나무 울타리 속 과수원에서는 농약 냄새와 사과 향이 물씬 풍겼다. 해안학교를 지나면 커다란 가산 못이 나오고 복숭아 과수원을 지나니 주막집이 나왔다.

여기부터는 잘 아는 길이라 논두렁을 지나 개울을 건너 탱자나무 울타리 속으로 달려갔다. 붉은 양철지붕을 한 큰집이 보였다. 큰집 식구들은 마당에 멍석을 펴놓고 복숭아를 궤짝에 담고 있었다. 해가 뉘엿뉘엿 넘어가는데 일하다 말고 모두가 일어나 반갑게 맞아주었다.

설날이면 큰집에서 차례를 지내고 옻골로 올라가 가까운 어른들께 세배를 드리고 종가로 간다. 종가에서 친척들이 모두 모여 차사茶祀를 지낸다. 어른들은 검은 두건에 검정 두루마기나 삼베 두루마기를 입었다. 먼저 보본당報本堂 사당에서 입향조인 불천위不遷位 대암공* 차례를 지낸다. 이어서 가묘家廟에서 불천위 백불암* 차례를 지낸다. 차례가 끝나고 어른들이 사랑방으로 들어가면 세배를 드린다. 젊은 아재나 형님들에게는 마루에서 세배를 하고, 동년배나 아랫사람들은 서로 맞절을 한다. 세배를 마치고 안채로 들어가 음복으로 떡국을 먹고 나면 점심 때가 훌쩍 지난다.

아버지가 돌아가셨다. 마흔둘의 젊은 나이셨지만 지병을 이기지 못하셨다. 내 나이 스물한 살이었다. 작은아버지께서 고향으로 모셔야 한다며 옻골로 운구해 왔다. 마을 사람들이 모두 나와 곡을 했다. 나는 굴건제복을 하고 대나무 지팡이를 짚고 상여를 따랐다. 개울을 따라 서산西山에다 모셨다. 아버지를 산에 묻어두고 차마 발길이 떨어지지 않아 몇 번이나 뒤돌아보며 울면서 내려왔다. 5년 후에는 어머니마저 아버지 곁으로 가셨다. 나는 눈물만 흘렸다. 산속에서 이름 모를 새들도 구슬프게 울었다.

옻골 고향집 처마에 도산서원을 비롯한 안동 인근 6개 서원의 원장을 지내신 고조부를 기려 노당정사老堂精舍 현판을 걸었다. 어느 늦가을 아내와 함께 노당정사에서 하룻밤을 지냈다. 사랑방에 군불을 잔뜩 땠으나 방은 쉬 데워지질 않았다. 새벽녘이 되어서야 방은 뜨끈뜨끈해졌다. 장지문을 열었더니 흙담 위 고색창연한 기왓장 사이에 걸쳐있는 감나무에 노랗고 빨간 감이 주렁주렁 달려 있었다. 어슴푸레한 새벽 여명에 감들이 단풍으로 물든 감잎에 싸여 신비롭기까지 했다. 먼 산에는 안개가 뿌옇게 끼어 있고 산새들이 떼를 지어 감나무 위로 날아와 소리 높여 지저귀고 있었다.

고향을 떠나온 지 어언 60년이 지났다. 일 년에 한두 번씩 옻골마을에는 들렀지만 내 마음 한쪽은 늘 허전하다. 은퇴 후에는 모든 것을 정리하고 돌아갈까도 해보지만 늘 공염불에 그치고 만다.

지금도 가끔씩 고향 꿈을 꾼다. 항상 고향을 찾아가는 꿈이다. 낯선 산과 들을 지나면 고향마을에 이른다. 하지만 꿈속에서 헤매다 땀에 흥건히 젖어 허우적거리다 깬다. 그럴 때마다 고향에 대한 그리움만 더해진다.

언제 고향으로 돌아갈 수 있을까. 나는 오늘도 귀거래사歸去來辭를 노래한다.

(2022. 수필작가회)

*대암공(臺巖公) : 최동집(1586~1661) 조선조 유학자(효종의 사부).
*백불암(百弗庵) : 최흥원(1705~1786) 조선중기 유학자(世子翊衛司翊贊).

귀로 歸路

나에게는 아련하게 떠오르는 추억이 있다. 1959년 추석날은 온종일 작달비가 내렸다. 점심때부턴 강풍까지 세차게 몰아쳤다. 열한 살 난 나와 세 살 아래 아우 둘이서 두지(뒤주) 위에 올라가 창문을 통해 바깥을 내다보며 구경했다. 언덕 위 교회당이 힘없이 날아가는 것을 보고서야 무서워져 부모님을 깨웠다.

식구들은 모두 낮잠에 빠져 있었다. 아버지와 어머니는 심상치 않으셨는지 부랴부랴 막냇동생을 누나 등에 업혀 피신시킨다고 바깥문을 열었다. 순간 호야불이 꺼지면서 나는 천장으로 붕 떴는데 그다음은 아무것도 생각나지 않았다. 한참을 지나 빗줄기가 콩알이 온몸을 세차게 두들기는 듯했다. 가까스로 일어나 아버지를 따라 무조건 뛰어갔다. 우리 집 아래 조금 떨어진 가게에는 다행히 식구들도 모두 피신해 있었다.

아버지가 다니던 회사가 망하게 되자 직원 숙소로 쓰던 집에서 살게 되었다. 그 집을 우리는 치장집이라 했다. 치장이란 큰 물건이나 장비들을 보관하는 야적장을 말한다. 아버지는 집을 마련하기 전에 우선 살림을 이곳으로 옮겼다. 허허벌판에 조그맣게 직원 숙소로 지은 집이다 보니 허술하기 짝이 없었다. 우리가 살던 집이 날아가고 나서야 비와 바람은 그쳤다. 언제 그런 일이 있었느냐는 듯 사방은 고요해졌다. 그날 우리 집을 날린 모진 비바람을 훗날 '사라호 태풍'이라 했다.

아버지의 실직으로 유산으로 받았던 고향 집 과수원을 팔았다. 어머니는 우선 집부터 장만해야 한다며 집을 보러 다녔다. 그런데 아버지가 과수원 판돈을 가지고 나가셨다. 어머니 몰래 그 돈을 사업한다며 가까운 친척에게 맡겼다. 어머니는 날벼락을 맞은 사람처럼 허탈해했다. 그것도 다른 사람도 아닌 외가의 가까운 친척이었으니 더 기가 찰 노릇이었다. 그때부터 어머니는 살려고 더욱 발버둥을 쳤다. 아버지는 사업을 포기하고 취직자리를 구한다며 고향으로 가셨다. 어머니는 어린 자식들 5남매를 먹여 살리기 위해 무슨 일이든지 해야만 했다.

어머니는 산에 나무를 하러 갔다. 혼자서 가기가 힘들었는지 나를 데리고 갔다. 어머니와 나는 멀리 신선대까지 갔다. 그때만 해도 동네 산에는 나무가 없었다. 신선대는 바다와 맞닿아 경관이 뛰어나고 송림도 우거져 학교에서 소풍하러 갔던 곳이기도 했다. 그곳에는 땔나무들이 많았다.

산 위에서 나무를 하다가 바다를 내려다보면 고기잡이배들이 큰 돛을 펄럭이며 포구(浦口)로 들어오는 풍경을 넋을 놓고 바라보기도 했다. 바다 위 햇빛에 반짝이는 윤슬 사이로 고기잡이 두대박이 돛단배들이 들어오는 풍경은 지금도 내 마음속에 한 폭의 수채화로 남아있다.

가다귀 나무 한 짐씩 해 나는 어깨에 짊어지고 어머니는 머리에 이고 집으로 돌아오는 길은 멀고도 험했다. 하지만 어머니와 나는 눈물을 흘리지 않았다. 어떻게든 살아야 한다는 일념이었다. 산길에서 몇 번이나 고무신이 벗겨져 넘어지면서도 나는 어머니를 보면서 참아냈다.

어머니는 먹을 게 없으면 바닷가로 나갔다. 그때 우리가 살던 마을은 조그만 어촌이었다. 돌담이 둘린 아늑하고 예쁜 마을이었다. 남정네들은 바닷가로 나가 고기를 잡고 아낙네는 물에 나가 먹을 것을 마련하며 살았다. 그곳에선 바다에 가는 것을 "물에 간다."라고 했다. 어머니도 물에 나가 미역이나 곤피 다시마나 파래들을 뜯어왔다.

어머니는 고기잡이배를 타고 빨간 등대가 있는 돌섬에 담치 홍합를 따러 가기도 했다. 돌섬은 먼 바다였지만 동네 사람들은 물 때가 좋은 날을 택해 그곳으로 나갔다. 돌섬 바위에는 까만 담치가 다닥다닥 붙어 있고 미역이나 곤피도 많이 건질 수 있었다. 그런 날에는 아우와 함께 어머니 마중을 나갔다.

멀리서 외대박이 돛단배가 보였다. 해 질 녘이라 붉게 물든 노을 사이로 돛단배가 힘차게 포구로 들어오고 있었다. 아우와 나는 어깨동무하고 돛단배를 바라보고 있었다. 머리에 하얀 수건을 쓴 어머니가 손을 흔들었다. 우리도 손을 흔들면서 바닷가로 막 뛰어갔다. 어머니는 담치와 해초류를 한 자루 가득히 가지고 내렸다.

"너희 형제가 어깨동무한 모습이 그렇게 보기 좋더구나."라며 우리 형제 머리를 쓰다듬어 주셨다. 우리도 어머니의 짐을 조금씩 나누어 들고 집으로 돌아왔다. 어머니와 함께 집으로 돌아오는 길은 언덕 하나를 넘어야 하는 길이었지만 어머니와 함께여서인지 우리는 마냥 행복하기만 했다.

나는 살아오면서 '무슨 일이든지 최선을 다해야 한다.'라는 것을 어머니를 통해 배웠다. 그때의 어머니 모습은 한시도 잊어버릴 수 없었다. 고생하는 어머니를 통해 보았던 삶의 자세와 애착은 어린 나의 몸에 밸 수 있게 하였다. 묵묵히 실천으로 보여준 어머니의 가르침은 '성실하고 열심히만 하면 어떤 난관도 헤쳐 갈 수 있다.'라는 자신감과 용기를 심어 주었다.

이제는 모두가 지나간 어릴 적 아련한 추억으로 내 가슴 깊이 그리움으로 남아있다. 그 당시에는 고통스럽고 가슴 아픈 일이라 누구한테도 말하기 싫었던 시련들이었지만 오늘의 나를 있게 만들어준 담금질이었다. 지금은 누구에게도 들려줄 수 있는 옛이야기가 되었다. 어머니와 함께 집으로 돌아오던 그 날의 행복은 다시 맛볼 수 없는 안타까움이다.

(2023. 수필작가회)

나에게 알라딘 램프가 있다면

　나에게 알라딘 램프가 있다면, 나는 알라딘 카펫을 타고 50년 전으로 돌아가고 싶다. 그때는 1969년 고등학교를 졸업하던 해가 된다. 내가 평생을 그리워한 어머니와 아버지를 만날 수 있기 때문이다.

　그해 아버지가 돌아가셨다. 아버지는 건강이 좋지 않아 늘 위태위태는데 쌀쌀한 늦가을 그만 쓰러지셨다. 어둑어둑한 저녁 집으로 돌아오신 아버지는 갑자기 기침을 멈추지 못하고 의사를 불러오라고 하시고는 일어나지 못하셨다. 나는 황급히 병원으로 막 뛰어가서 의사를 모시고 오니 아버지는 그만 돌아가시고 말았다. 아버지 나이 마흔둘이었으니 그 아픔이란 이루 말할 수 없었다. 내 나이 스물한 살이었다.

　전쟁에서도 천우신조天佑神助로 목숨을 보전하셨는데 실직하여 물려받은 유산마저 날리고 실업자로 오랜 세월 고생하시다 그만 덜컥 병을 얻어 돌아가신 것이다. 어머니는 아버지가 돌아가신 후 매우 슬퍼하셨다. 아버지의 기일이 되면 어머니는 울음을 멈추지 못하셨다. 너무 슬프고 애처로운 어머니의 울음소리를 생각하면 나는 지금도 가슴이 찢어지는 것 같다. 너무 슬퍼하신 어머니도 5년 만에 돌아가셨다.

어머니는 열여덟에 시집을 왔다. 아버지보다 두 살 위다. 양반집 규수로 시집올 때 가져온 은장도와 수예 놓은 목단꽃은 지금도 우리 집 가보이다. 아버지가 다니던 직장이 문을 닫자 유산으로 받은 과수원을 팔았다. 조그만 집 하나 사고 나머지 돈으로 살아갈 방도를 찾으려고 백방으로 뛰어다녔다. 아버지는 사업을 하려다 잘못되어 돈만 없앴다. 어머니의 실망은 대단히 컸다. 어머니는 속이 상하면 혼잣말로 아버지를 탓했다. 그럴때면 아버지는 아무 말도 못 하고 막냇동생을 데리고 산 넘어 바닷가로 나가 마음을 달래다 오시곤 했다. 어머니는 생활력이 굉장히 강하셨다. 어떤 어려움 속에서도 식구들 밥은 굶기지 않았다. 행상으로 우리를 먹여 살렸다. 그러던 어머니도 너무 힘들 때는 "너의 외할아버지만 살아 계셨어도 나를 이렇게 어렵게 내버려 두진 않았을 텐데…"라며 흐느끼며 슬퍼하셨다.

그런 어머니가 그만 암이라는 무서운 병에 걸리고 말았다. 나는 서울에서 군 복무 중이었다. "어머니 위독"이라는 전보를 받고 급히 대구에 내려갔다. 부산에 살던 어머니가 병이 들자 숙부님이 대구로 모셔 왔다. 숙부님은 온갖 병원에 다 가 보았지만, 너무 오래 병이 깊어 손을 쓸 수 없었다고 했다. 당장 동생들하고 집안 살림을 꾸려 갈려면 내가 장가를 가야 한다고 하셨다. 나는 사귀는 사람이 있다고 했더니 빨리 데리고 오라고 했다.

그때 내 나이 스무 다섯 살이고 그녀는 스무 살이었다. 그녀는 아무것도 모른 채 내 사정을 딱히 여겨 어머니를 만나러 가겠다고 했다. 우리는 숙부 집으로 가서 어머니를 만났다. 어머니는 그녀를 보자 손을 꼭 잡고는 기뻐하셨다. 그날 밤 어머니는 그녀와 함께 자며 "형제간에 우애 있게만 지내라."라고 당부했다.

결혼식 날을 잡으러 대구로 내려갔다. 어머니는 더욱 수척해진 모습으로 반기면서 나를 많이 걱정해 주었다. 보잘것없는 살림살이에 동생들만 남겨놓아 미안해했다. 그 모습이 마지막이 될 줄은 몰랐다. 서울로 돌아오는 고속버스에서 하염없이 눈물이 흘러내렸다. 고속버스 차창 밖으로 굵은 비가 세차게 내리고 있었다. 버스에서는 <엘 콘도르 파사 철새는 날아가고>가 흘러나오고 있었다. 나는 고속버스 맨 뒤 좌석에 앉아 소리 내어 엉엉 울었다.

한 달 후 서울에서 결혼식을 올렸다. 결혼식 날 하객이라고는 부대 동료 몇 명과 대구에서 오신 숙부님과 친척 몇 분이 전부였다. 결혼식이 끝나자 숙부님은 무겁게 말씀하셨다. "어젯밤에 어머니가 운명하셨다. 결혼식 때문에 운명하기 전에 집을 나왔다. 빨리 대구로 내려가야 한다." 청천벽력 같은 소리였다. 우리는 터미널로 가서 대구행 고속버스를 탔다. 그녀는 말없이 눈물만 뚝뚝 흘리고 있었다.

나에게 알라딘 램프가 있다면, 나는 알라딘 카펫을 타고 50년 전으로 돌아가고 싶다. 그때로 돌아가 부모님 품에 안겨보고 싶다. 그리고 아버지에게 "왜 그렇게 일찍 가셨어요. 아무 말씀도 없이 그렇게 가시면 어떻게 합니까."라고 묻고 싶다. 그리고 어머니에게는 "어머니 죄송합니다. 마지막 어머니 곁을 지켜드리지 못해 정말 미안합니다. 많이 힘드셨죠. 얼마나 아프셨어요."라고 사과드리고 싶다.

그리고 두 분 손을 꼭 잡고 "아버지, 어머니, 그동안 나에게 많은 힘을 주시어 정말 고맙습니다."라고 말씀드리고 싶다. 나는 항상 돌아가신 부모님이 보이지 않게 나를 도와주고 있다고 생각한다.

얼마 전 우리 남매들은 터키 여행을 갔다. 오 남매 모두가 잘살고 있다. 지금은 남부러울 것이 없다. 우리는 오래전 '형제계'를 만들어 수시로 만난다. 서로서로 우애 있게 지낸다. 아내는 어머니와의 약속을 지켰다.

  지금 나에게 알라딘 램프가 있다면 부모님을 모시고 이스탄불로 가고 싶다. 보스포루스해협이 내려다보이는 근사한 그 레스토랑에서 모두 함께 모여 식사를 하고 싶다.

(2019. 7. 20.)

백불암 선조 간찰

백불암 선조百弗庵 先祖의 간찰簡札, 간지에 쓴 편지 액자를 찾아왔다.

9대조 백불암 할아버지의 친필 편지이다. 간지簡紙, 두껍고 품질이 좋은 편지지에 쓴 행초서의 단정하고 깨끗한 필체를 보니 백불암 할배를 뵙는 듯하다. 거실 가운데 벽에다 걸었다. 고조부의 도산서원 망기望記와 아버지의 국가유공자 증서를 걸어둔 곳이다. 망기와 증서 가운데 간찰 액자를 걸고 나니 마음이 숙연해진다.

이 간찰을 처음 본 것은 몇 해 전 숙부님이 대구에서 올라오셔서 사촌 아우의 집에서였다. 그때 아우는 처가에서 가져왔다고 했는데 다시 물었더니 마침 옆에 장모님이 계신다며 돌밭 친정에서 윗대로부터 내려온 서찰인데 백불암 선조와 교유가 있었다고만 했다. 누구에게 보낸 것인지 잘 알지는 못했다.

귀중한 간찰이라 사진으로 보관해 오다 지난주 을지로에 있는 특수 인쇄 전문점에서 한지로 특수 인쇄했다. 주로 서예 작품을 전문으로 출력하는 곳이라 원본과 아주 비슷해졌다.

경몽頃蒙으로 시작되는 간찰의 내용은 생소했다. 끝 문장은 "己亥三月十四日 弟 崔興遠 頓을해3월십사일 제 최흥원 돈"이었다. 『백불암 언행록』을 찾아보니 기해 3월은 1779년으로 정조 3년 백불암 할아버지 74세일 때이다.

언행록에는 "통서通書를 읽으셨다. 이경록李經祿에게 편지하시기를, 주렴계가 이른바 '靜無而動有至靜而明達정무이동유지정이명달'이라 한 체제는 스스로 내 몸에 있는 것이니 반드시 깊이 연구하여 살펴야 한다."라고 했다. 이경록李經祿은 선생의 사위이고 문인文人이다. 이경록은 벽진 이씨로 돌밭인데 사위에게 보낸 편지라면 극존칭을 쓰지 않았을 것이라 혹시 사돈에게 쓰신 게 아닐까 하는 생각도 든다.

누구에게 쓴 편지인지 무슨 내용인지 내용을 알아보기 위해 지인을 통해 편지의 해석을 부탁했다. 방통대 교수가 해석해 주었다.

"간찰에는 편지를 받으신 분이 옻골을 다녀가신 것 같다. 존칭하신 걸 보니 서로 교유交遊하는 사이이고, 백불암 할아버지는 눈 질환으로 고생하신 것 같다. 옛날 '古人取東處고인취동처'를 구하고 싶다는데 무슨 뜻인지는 알 수가 없다."

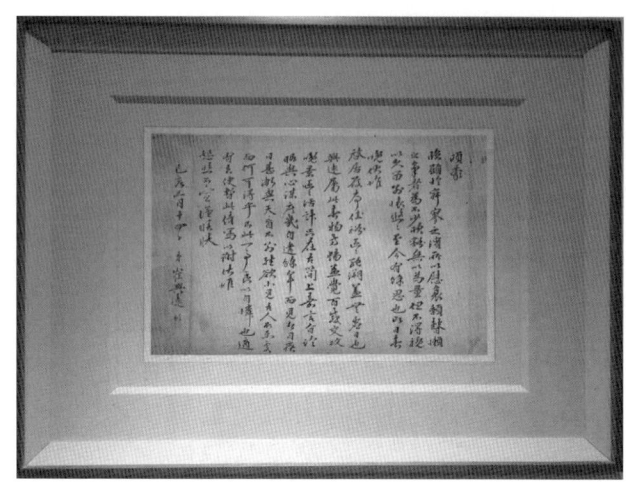

일전에 저희 작고 적막한 집에 친히 왕림해 주심에, 쓸쓸하고 나태했던 기운이 많이 위로 받았음을 헤아릴 수가 없습니다. 하지만 오래 머물도록 만류할 수 없었던 아쉬움이 지금까지 여운으로 남습니다.

아뢰옵건데, 사는 것은 넉넉하지만 구차하게 거슬러 올라가보면 어찌 허투루 보내는 날이 없겠습니까만, 저 興遠(흥원)은 봄꽃이 활짝 핀 이 즈음 만감이 교차합니다.
단지 고서에서만 하찮은 일거리를 찾으면서 훌륭한 말씀을 눈과 마음으로 헤아리면서 여생을 보내고 있습니다. 이제 말년에 눈의 질환이 점점 더 심해져 하늘도 분별 못할 사정이나, 옛날 '고인취동처'를 구해보고 싶은데 어떻게 구할 수 있을지요?
단지 이 작은 일만 보더라고 스스로 가엾어집니다.
마침 잠깐의 틈을 내어 이글을 써서 감사의 마음 전합니다.
아무쪼록 양해해 주십시오. 답장을 기다립니다.

기해년 3월 14일 아우 최흥원 돈수

백불암 할아버지는 타고난 효자이셨다. 두 살 때 어머니가 유종으로 아파하자, 젖 먹기를 거부하고 죽을 먹었다. 열 살 때는 조고祖考께서 객사하자 천 리 먼 곳에서 관을 모셔 왔다. 31세에 선친 통덕공 상을 당했다.

36세 4월에는 부인이 작고했다. "함께 어버이를 봉양하고 또 함께 제사를 받들었는데 불행히도 내조를 잃게 되었으니, 어찌 나의 명命이 아니겠는가?"라고 하였다. 그 후 46년을 홀로 지내면서 몸을 조양調養, 건강이 회복되게 몸을 보살피고 병을 다스림함에 불편함이 많았으나 태연히 지내셨다.

59세 때에는 아들周鑌을 잃었지만, 어머니의 마음을 편하게 해드리기 위해 억지로 음식을 들고 담소하며 슬픈 빛을 띠지 않았다. 61세 때 어머니가 아파 매일 밤 살피면서 잠을 자지 않았다. 돌아가시자 산소 아래 움막을 엮고 아침저녁으로 살폈다.

82세 8월에 先妣부인의 제사를 지내고 병석에 누웠다. 병이 더욱 심해졌는데도 敬牌경패 위에 걸린 옷을 보시고 치우게 했다. "22일 아침나절이 지나, 시자侍者에게 누운 자리를 정리하게 하고, 부축받아 똑바로 누워 손으로 두건을 정리하고, 未時오후 1시-3시에 마음 편안히 永眠영면하였다."

사위이자 제자인 이경록은 "선생의 학문은 오로지 敬경에 힘을 써서, 이 마음을 엄숙하고 정숙한 가운데 두고, 이 이치를 인륜의 상도에서 궁구하였다. … 하늘과 땅의 바뀜이 털끝만 한 차이에서 나온다고 여겨, 조심하고 공경하는 뜻을 잠시도 해이하게 하지 않았다. … 靜정을 주체로 해서 動동을 통솔하고, 바깥 행동을 제어하여 속마음을 길러서, 날이 저물어 편안하게 쉬면서도 게으르지 않았고, 患亂환란이 갑작스럽게 닥쳐도 당황하지 않았다. … 얼굴은 윤택하고 등은 꼿꼿하며, 정신은 맑고 기운은 화평하였으니, 바라보면 바르고 군세고 밝아서 저절로 이루어진 군자임을 알 수 있다."라고 했다.

제자인 생질 류인은 "선생의 학문은 그 처음 근원이 효도에 있었다. 그러나 세상에 효로써 알려진 사람들이 한 가지 착함에 그칠 뿐이었던 것과는 같지 않다. 대개 선생은 살아 섬김과 장례 제사 등에 털끝만 한 흠결도 없었으며, 또 한 말씀 한 가지 일이라도 혹 그 이치에 어긋나면 곧 부모에게 받은 것을 온전히 함이 아니라고 생각하였다. 몸을 닦아서 행동이 법도에 합당하게 되었고, 사업을 시작하여 교화가 고을을 미치게 하였으니, 세상 사람들이 크고 완전한 효도를 말함에 반드시 선생을 일컬었다."라고 했다.

정조 13년 1789년 6월에 정조 임금이 효행으로 旌門정려각을 내렸다.

"서여기인如其人"이라는 말이 있다. 이는 "글씨는 그 사람과 같다."라는 말이다. 간찰을 보니 백불암 선조의 고매高邁, 인격이나 품성, 학식이 높고 빼어남한 인품이 묻어 나온다. 나는 서예 공부를 하며 많은 명필가의 글씨를 보았지만, 이토록 단정하고 정성이 깃든 글씨는 처음 보는 것 같다.

고향에 갈 때마다 마을 어귀에 세워진 정려각과 종가인 백불고택百弗古宅에서 백불암 선조를 막연하게 그려보곤 했다. 이 간찰을 걸고 보니 백불암 할배의 체취를 흠뻑 느낄 수 있게 되었다. 자식이나 손주들에게 백불암 할아버지를 자랑스럽게 알릴 수 있어 무엇보다 기쁘다.

(2021. 11. 7.)

덕불고 필유린 (德不孤 必有隣)

덕필유린(德必有隣)이라고도 한다. 덕이 있으면 반드시 따르는 사람이 있으므로 외롭지 않다는 뜻이다. 같은 무리가 함께 어울리는 유유상종(類類相從)처럼 덕을 갖춘 사람에게는 반드시 그와 비슷한 유덕(有德)한 사람들이 따른다는 것을 말한다.

그리운 아부지

 서글서글한 눈매. 훤칠한 키. 우리 아부지는 옥골玉骨이셨다. 옥처럼 희고 이목구비가 뚜렷했다. 얼굴만 잘생긴 게 아니라 마음씨도 따뜻하고 정이 많은 분이셨다. 성격도 시원시원한 멋쟁이였다.
 어릴적 막냇동생을 무릎에 앉히고는 큰 소리로 어르기를 좋아하셨다. "서울대학교, 물리화학과, 국비유학생."이라며 두 손을 붙잡고 흔들면 어린 동생은 그저 싱글벙글 웃어댔다. 막내뿐만 아니라 여동생에게도 바로 밑에 동생도 얼루기를 잘했다. 아부지는 여동생 이름을 최은희라고 지었는데 당시 '최은희'는 우리나라 최고의 여배우였다. "모똘이 이름은 뭐꼬." 하면 여동생은 "최은희."라고 대답했다. 모똘이란 영악하게 귀여운 애를 지칭하는 말인 듯했다. 바로 밑 아우에게도 몽돌이라고 부르면서 귀여워했다. 몽돌이란 바닷가 차돌로 울퉁불퉁하고 못생겼지만 매끄럽고 예쁜 돌을 말한다. 하지만 누나하고 나에게만 별명도 어르지도 않으셨다.

아부지는 노래를 좋아하셨다. 숙부님은 늘 아부지는 노래를 잘 불렀다며 고향 마을에서 제일가는 가수였다고 했다. 무슨 노래든 한 번만 들으면 그대로 따라 불렀다고 했다. 하지만 내가 들은 아부지의 노래는 하나뿐이다. 누구의 노래인지는 잘 모르지만, 그 노래는 할머니를 그리워한 사모곡이었다. "하늘마저 울던 그 날에 어머님을 이별하고…"라는 노래를 아부지는 술에 취해 집으로 돌아오면 불렀다.

아부지는 술을 좋아하셨다. 주량이 얼마인지는 모르지만 술과 친구를 너무 좋아하셨다. 어머니는 그런 아부지가 걱정이 되어 나에게 아부지를 모시고 오라며 술집으로 보내곤 했다. 하지만 아부지는 친구들과 술을 드시면서 곧 간다고 나를 돌려보내곤 했다. 아부지는 술과 친구를 좋아하고 노래를 잘 부르는 한량이셨다.

우리 집은 누이동생이 태어났을 때 형편이 제일 좋았다. 내가 초등학교에 막 들어갔을 때인데 유일한 우리 집 가족사진이다. 나는 장화를 신고 있었는데 그만 새 장화를 찢어 입이 툭 튀어나온 이 사진은 나의 서재에 걸려있는데 이를 보면 웃음이 절로 난다. 그날 부모님은 두 분의 사진도 찍었다. 이 사진은 부모님 제삿날에 지방과 함께 제상에 올려놓고 제사를 지낸다.

아부지는 6·25전쟁에 참전했다. 압록강까지 진격해 압록강물을 수통에 채웠다는 무용담을 가끔 흥이 나면 이야기하셨다. 육군 7사단 소속이었는데 중공군에 밀려 회령에서 대규모 전투가 벌어졌는데 부대가 전멸했다. 아부지는 무사했지만 후퇴하면서 또 다른 전투에서 허벅지에 총상을 입어 후송되었다. 부상병으로 통영에 있는 국군병원으로 가는 길에 목발을 짚고 고향 집에 들렀다. 며칠 후 고향 집으로 전사 통지서가 날아왔지만 아부지가 다녀가신 후라 어머니는 안심했다. 동작동 국립묘지엔 지금도 아부지의 가묘가 있다. "육군 일병 최병우의 묘/ 회령지구에서 전사"라는 비석이 세워져 있다. 은퇴 후 국가유공자 신청을 했지만 아부지가 돌아가신 후라 부상한 사실을 입증하지 못해 참전유공자로 인정을 받았다. 아부지가 살아계실 때에는 비가 오고 날씨가 궂으면 허벅지가 아프다고 하셨다. 허벅지에 총알이 그냥 박혀 있다고 말씀하셨다.

  아부지는 제대 후 교도관으로 근무하셨다. 대구에서 부산으로 전근해 대신동 관사에서 살았다. 어렴풋이 생각나는 관사는 기다란 집 여러 채가 있었다. 지붕이 높고 큰 집으로 우리는 가운데쯤에서 살았던 기억이 난다. 아부지는 교도관을 그만두고 아진회사라는 데를 다니셨다. 누이동생이 태어났을 때 회사 사정은 좋았지만, 곧 망하게 되었다. 우리는 치장에 있던 회사 사무실로 쓰던 집에서 살았다. 치장은 넓은 들에 원목들을 쌓아두던 야적장 같은 곳이었다.

막내아우가 태어나던 해 우리 집은 사라호 태풍을 맞았다. 그날은 추석이었다. 부모님은 아침식사 후 모두 주무시고 나와 아우는 유리창 너머로 언덕 위 교회가 날아가는 것을 보고 겁이 덜컥 났다. 식구들을 깨웠더니 사태가 심각하다는 것을 느끼고는 막내 동생을 피신시킨다고 누나의 등에 업혀 집 문을 여는 순간에 우리 집은 그만 날아가고 말았다. 다행히 식구들은 모두가 무사했다. 하지만 우리 집 사정은 더욱 어려워졌다.

아부지 회사가 망하자 부모님은 고향에 있던 유일한 유산인 과수원을 팔았다. 어머니는 그 돈으로 집도 장만하고 살 궁리를 하느라 바쁘게 집을 보러 다니셨다. 그런데 그만 그 돈을 아부지가 가져가셨다. 할머니가 돈 있는 곳을 알려줘 아부지는 사업을 한다며 가까운 친척에게 갖다준 것이다. 사업은 흐지부지돼버리고 돈만 없애 버렸다. 거기에다 태풍까지 당했으니 집안 살림은 이만저만이 아니었다. 아부지는 겨우 밭 한 떼기를 구해 막내외삼촌과 힘들게 작은 집을 지었다. 겨우 방 두 개에 부엌을 달아낸 허름한 집이었다. 이 집은 우리 다섯 식구가 살았던 한많은 감만동 집이다.

어머니는 혼자서 식구들을 먹여 살리느라 안 해 본 일이 없었다. 양계장에서 달걀을 받아다 큰 다라에 담아 머리에 이고는 이 동네 저 동네를 팔러 다녔다. 지금도 그 모습을 생각하면 내 가슴은 저려온다. 박수근의 그림 <나목>을 보면 머리에 큰 다라를 이고 가는 여인의 그림은 우리 어머니를 보는 것 같았다. 황량荒凉한 겨울나무 잎은 모두 떨어지고 한 여인이 머리에 큰 다라를 이고 가는 그 모습은 영락없는 우리 어머니의 고단한 삶을 보는 것 같다. 그래서 지금도 이 그림을 보면 어머니가 생각난다.

어머니는 힘들 때마다 아부지를 탓하셨다. 그럴 때는 아부지는 아무 말씀도 못 하시고 어린 막내아우의 손을 잡고는 고개 넘어 바닷가로 가셨다. 아부지는 고향인 대구로 올라가 구직활동을 위해 애쓰고 다니셨다. 오랫동안 대구에 계셨는데 취직은 못 하고 그만 병이 들어 부산으로 내려오시고 말았다. 대구에 계실 때 아부지는 어머니와 나에게 편지를 보내셨다. 어머니에게 "명희 엄마 보시오."로 시작되는 구구절절 그리움과 애정이 담긴 편지였다. 나에게는 "원돈아 보아라."로 시작되는 편지였다. 나는 이 편지 두 통을 간직하고 부모님이 생각이 날 때마다 꺼내 보곤 했는데 부산집을 짓느라 그만 잃어버리고 말았다. 지금도 그 편지를 잘 보관해두지 못한 게 못내 아쉽기만 하다. 작은 편지지에 써 내려간 아부지의 필체는 매우 아름다웠다. 한문도 잘 썼고 한글도 특유의 정감 있는 필체였다. 그리고 머리도 좋으셔서 모르는 게 없으셨다. 몇 해 전에 숙부님은 아부지의 이력서 한 통을 나에게 돌려주었는데 구직을 위해 맡겨둔 것이었다. 나는 이 이력서를 보니 옛 생각에 마음이 짠해졌다.

 부산으로 돌아오신 아부지는 무슨 일이든지 하려고 했지만 마땅한 일이 없었다. 겨우 호송원 자리를 구해 호송하러 다니셨다. 무림제지라는 회사인데 부산에서 화물과 함께 서울로 가는 일이었다. 추운 겨울에 담요 한 장을 가지고 다니는 이 일은 너무나 힘들고 병든 아부지에게는 이겨낼 수 없는 일이었다. 아부지는 호송을 갔다 오시면 며칠을 끙끙 앓기도 했다. 어머니는 돈은 안 갖다주어도 좋으니 몸만 성하게 지내라고 하셨다.

 아부지는 몸이 많이 나빠져 호송일은 그만두고 부산 중앙동에 있는 친구 회사에 나가셨다. 융성기업인가 하는 회사로 무역업인가를 했는데 거기서 총무 일을 보셨다. 그때 아부지의 수첩에는 기록들이 깨알같이 적혀 있었다. 회사관리였지만 아부지는 힘에 부치는지 집에 들어오시면 곧바로 눕곤 하셨다. 이런 아부지가 안쓰러웠던지 어머니는 절대로 아버지에게 돈 달라는 소리도 잔소리도 하지 않으셨다. 어머니는 아부지가 더 아프지만 말라며 전전긍긍 하셨다.

 나는 아부지 회사에 갈 일이 생겨 들른 적이 있다. 아부지는 나를 데리고 고깃집엘 갔다. 소금구이라는 소고기를 구워 주었는데 태어나 처음 먹어보는 맛이었다. 그리고 양품점을 들러 잠바를 고르고는 한참을 망설이다가 그냥 나오고 말았다. 아마 돈이 모자라 사 줄 수가 없었던 것 같았다.

　어머니는 아부지가 늘 위태위태하다고 생각하시는 듯했다. 하루하루 살얼음판을 걷는 듯 조심하고 조심했다. 내가 다 커서는 아버지와 겸상하는 일이 많아졌다. 어머니는 없는 살림이지만 아부지 밥상에는 신경을 많이 썼다. 몸에 좋은 거라면 무엇이든 밥상에 올렸다. 그때 먹어본 몇몇 음식은 지금도 생각이 난다. 나는 지금도 아내에게 그때 먹어봤던 음식을 만들어 달라고 한다. 나도 아부지와 겸상을 하고는 조심스럽게 눈치를 많이 살폈다.

　늦가을 날씨가 쌀쌀해지던 어느 날 저녁 무렵 아부지는 그만 쓰러지고 말았다. 집에 들어오시자마자 기침을 멈추지 못하고 빨리 의사를 불러오라고 말씀하시고는 일어나지 못하셨다. 너무나 황망중에 당한 일이라 어떻게 손 써볼 겨를도 없이 아버지는 돌아가시고 말았다. 아부지의 빈소는 쓸쓸했다. 안방 앞 툇마루에 빈소를 차렸다. 문상객 중에는 친구분이 많았는데 그 중 상식이 아버지는 큰소리로 곡을 했다. 지금도 서럽게 곡을 하던 소리가 내 귓전을 때린다. 나는 고향에서 가져 온 굴건제복으로 초상 내내 곡을 했다.

　아부지를 고향으로 운구했다. 당시만 해도 고향 땅은 그린벨트 지역이라 함부로 산소를 쓸 수 없었지만, 숙부님의 주장으로 고향 뒷산에다 장사를 지냈다. 그때 고향 산에는 나무도 별로 없는 쓸쓸한 산소였다. 나는 산소를 뒤로하고 차마 돌아설 수가 없었다. 돌아보고 또 돌아보며 울면서 내려왔다.

"서울대학교 물리화학과 국비유학생."이라는 막냇동생을 어르던 그 말은 나 들으라는 말이라는 걸 먼 훗날 깨우칠 수 있었다. 나는 그 학교 문턱에도 가보지는 못했지만 평생을 성실하게 살려고 노력했다. 5남매의 맏이로 최선을 다했다. 이제는 은퇴해 평생동안 못다 한 것을 다하며 살고 있다. 모두가 돌아가신 부모님의 음덕이라 생각한다. 그 학교를 졸업한 사람들과 어울려 수필도 쓰고 서예도 하면서 살고 있으니 아부지도 아마 흡족해 하실 것이다.

서글서글한 아부지의 눈매가 오늘따라 더욱 그립다.

(2020. 9. 2.)

어머니의 제삿날

하얀 산작약이 피었다. 지난 풍물장날 사 온 꽃이다. 칡장수가 깊은 산에서 캐어온 것이라 했다. 하얀 꽃잎 속 노란 수술이 탐스럽고 청초하다. 가만히 얼굴을 갖다 대어보니 하늘거리는 꽃에서 어머니의 냄새가 나는 것 같다.

우리집에는 잊지 못할 사진 한 장이 있다, 60년이 훨씬 지난 빛바랜 흑백 사진이다. 내가 여덟 살 무렵에 찍은 가족사진이다. 아버지는 펑퍼짐한 옛날식 양복을 입고 의자에 앉고 어머니는 하얀 적삼에 까만 치마 한복을 입고 아버지 뒤에 서 있다. 두 분 모두 서른 살 전의 모습이다.

하얀 산작약꽃을 보니 어머니가 생각난다. 오늘은 어머니의 기일이다. 부처님 오신 날이기도 하다. 어머니는 마흔아홉에 돌아가셨다. 내 나이 스물다섯 되던 해였다. 아버지가 돌아가시자 어머니는 많이 슬퍼하셨다. 아버지 기일만 되면 좀처럼 울음을 멈추지 않으셨다.

어머니는 아버지보다 두 살 위셨지만, 아버지를 아주 깍듯하게 존대하셨다. 무슨 일이든 아버지의 뜻을 따랐다. 아버지는 실직하고부터는 몸이 좋지 않으셨다. 6·25 참전으로 부상을 당해 항상 골골하셨다. 그러다 기러기 울어에는 초겨울 어느 날 그만 돌아가시고 말았다. 어머니는 소상小祥, 돌아가시고 1년 만에 지내는 제사 초하루 보름에는 상식上食을 올리고 그 후로 기일에는 곡哭을 멈추지 않으셨다. 겨우 몇 번이나 지곡止哭하시라고 말씀 드려야 겨우 멈추셨다.

아버지가 돌아가신 지 오 년 만에 어머니는 그만 암에 걸리셨다. 병이 오래되어 손을 쓸 수가 없었다. 집에는 어린 동생들이 셋이나 있어 나는 결혼하게 되었다. 서울에서 군 복무 중이었던 나는 다행히 알고 지내던 처녀가 있어 내 처지를 딱하게 여긴 그녀가 선뜻 결혼을 승낙해 주었다.

우리는 어머니가 계시던 숙부님 댁으로 갔다. 어머니는 그녀의 두 손을 꼭 잡은 채 동기간 우애만을 지켜달라고 당부했다. 부랴부랴 결혼식 날을 받으러 어머니를 뵙고 오던 날 나는 고속버스 차창에 기대어 엉엉 소리를 내 울었다. 바깥에는 세차게 비가 내리고 있었고 버스에서는 <엘 콘도라 파사>가 울려 나오고 있었다.

어머니는 돌아가시기 전까지 대문 밖을 내다보며 우리가 오기를 기다렸다. 하지만 결혼식을 앞두고 어머니를 뵈러 가기는 쉽지 않았다. 어머니는 아픈 몸으로 오직 대문만 바라보고 계셨다. 결혼식을 마치고 숙부님께서 어머니가 운명하셨다고 했다. 우리는 곧바로 어머니가 계시던 대구로 갔다.

우리 부부의 결혼기념일은 어머니의 제삿날이 되었다. 1974년 윤사월 초파일이다. 부처님 오신 날이다. 부처님 오신 날 어머니는 부처님 곁으로 가셨다. 그 후 우리 부부는 어머님의 제사를 정성을 다해 지내오고 있다. 올해로 48주기가 된다.

지금도 아내는 주방에서 제사음식을 만드느라 정신이 없다. 어제는 며느리가 제사를 지내러 왔지만, 코로나 뒤끝이라 돌려보냈다. 제수씨와 여동생은 전을 부치고 있다. 나는 향로를 닦고 축문을 쓴다. 아버지와 어머니의 사진틀도 닦는다.

목단꽃이 피었다. 연분홍 목단꽃이 초록 잎사귀에 묻혀 있다. 어머니가 시집오기 전 수繡놓은 목단 표구를 보니 오늘따라 어머니가 더욱 보고 싶어진다. 우리는 왜 그때 어머니를 뵈러 한 번 더 가보지 못했을까 하는 후회를 한다.

(2022. 5. 8.)

이룰 수 없는 꿈

나에게는 잊혀지지 않는 꿈이 하나 있다. 평생을 꾸어온 꿈이다. 그러나 언제나 그 꿈은 내 꿈속에서만 맴돈다.

언제부터인가 꿈을 꾸면 산을 넘고 들을 지나 한참을 헤매다가 고즈넉한 마을로 들어선다. 그 마을은 무척 낯익은 기와집으로 둘러싸여 있는 곳이다. 이 집과 저 집을 기웃거리며 가다 보면 이윽고 우리 집이 나오곤 했다. 그 집으로 들어가면 모두가 정다운 모습을 한 어르신이 보였고 안방에서는 할머니들의 다정한 대화 소리가 들렸다. 무슨 소리인지는 확실하지는 않지만 나를 반겨주는 목소리였다. 무언가 나도 말을 하고 싶었지만, 말은 나오질 않고 엎치락 거리다 보면 잠에서 깨어나곤 했다. 이런 날 내가 잔 이부자리는 혼곤히 젖어 있었.

나는 이런 꿈을 평생을 꾸어왔다. 꿈에서 깨어나면 그곳이 어디인지는 알 수 없었다. 어떤 때는 높은 산을 넘어가기도 했고 또 어떤 때는 맑은 물이 가득한 저수지나 계곡을 지나기도 했다. 그런데 힘겹게 가다 보면 어김없이 고색창연한 기와집 동네가 나왔다. 여기에 다다르면 내 마음은 긴장이 풀려 그렇게 평온할 수가 없다. 기와집으로 들어가 다락으로 올라가기도 하고 지붕 속을 넘나들기도 했다. 나는 잠에서 깨면 또 고향 꿈을 꾸었다고 생각했다.

내가 대여섯 살 무렵이었다. 나는 할머니 손을 잡고 진외가에 간 적이 있었다. 나중에 안 일이지만 그곳은 '왕배이'라는 할머니의 친정이었다. 큰 연못을 지나 한참을 할머니 손을 잡고 걸었다. 이윽고 고색창연한 기와집들이 나왔다. 솟을대문이 있는 큰 기와집으로 들어갔다. 안에서 할머니와 아지매들이 뛰어나왔다. 모두 할머니와 나의 손을 잡고 방 안으로 들어갔다. 할머니를 둘러싸고 서로 이야기를 다정하게 나누었다. 웃음소리가 끊이질 않았고 할머니 앞에 큰상에 음식들이 잔뜩 차려져 나왔다. 그때 먹은 점주는 지금도 잊을 수가 없이 생생하다. 단술이라고도 하고 식혜라기도 하지만 지금 것과는 아주 달랐다. 아주 말갛고 하얀 고두밥이 동동 떠 있고 그렇게 달지 않은 맛이었다. 그리고 나온 음식은 모두가 쉽게 볼 수 없는 음식이었다. 가죽나무로 만든 부각과 얌전하게 깎아놓은 하얀 알밤들이 생각난다.

대문간에는 디딜방아가 놓여 있었고 그 옆으로 밤을 넣어둔

가마니가 놓여 있었다. 나보다 위인 형들이 나를 데리고 논으로 나갔다. 논에는 얼음이 꽁꽁 얼어 있었다. 형들은 나에게 나무 팽이와 채를 주며 함께 놀아 주었다. 내가 잘하지 못하자 이렇게 하라며 시범을 보여주며 팽이가 잘 돌아가면 팽이채를 내게 건네주었다. 나를 썰매에 태워서 밀어주며 놀아 주었다. 나를 아주 왕자처럼 대접해주었다.

우리 집은 아버지의 직장을 따라 부산에서 살았다. 고향을 떠난 것은 다섯 살 무렵인데 중학교에 들어가서부터는 방학이 되면 고향엘 갔다. 부모님은 고향에 대한 애향심을 길러주기 위해서인지 방학만 되면 고향으로 보내주었다. 고향 큰집에 가면 여름에는 과수원 농사를 거들기도 하고 겨울이 되면 주로 옻골로 올라가 놀았다. 그 당시 나와 한동갑인 아재나 형들이 열 몇 명이나 됐다. 그리고 아지매나 누나 여동생뻘 되는 친척인 여자애들과도 함께 놀았다. 주로 겨울에는 한가한 집 사랑이나 동계정이나 보본당에서 놀았다. 수건 돌리기를 하거나 해서 술래가 되면 벌칙으로 노래를 불러야 했다. 그렇게 자연히 고향에도 친구들이 생겼다.

묘사를 지내러 일년에 한 번씩 고향엘 간다. 묘사를 지내고 종가에 들러 떡국으로 점심을 먹는다. 종중회의를 한다며 사랑마루에서 토의를 했다. 고향의 발전과 화합을 위한 회의가 끝나자 부동산 하는 동갑내기 아재가 옻골에 집이 나왔다며 종원들에게 우선 기회를 준다고 했다.

그 말을 들으니 고향에 집을 살 수 있는 마지막 기회라고 생각했다. 함께 온 아내와 사촌 아우에게 그 집을 한번 둘러보자고 했다. 집터는 240평인데 사랑채와 안채는 비어 잡초에 묻혀 있었다. 사촌 아우가 사서 나누자고 했다. 아내의 눈치를 살피니 못마땅한 표정이었지만 나는 마지막 기회라며 살 듯이 말했다.

만약 고향 옻골에 집을 마련하게 되면 사랑채에다 조그만 북 카페 겸 전시장으로 만들어 그동안 서예 작품이나 책들을 가져다 놓고 싶다는 생각도 들었다. 아내에게 조심스럽게 말을 건넸다.

"왜 그렇게 옻골 집에 집착하세요. 그러면 강촌 집은 어떡할 거예요. 또 돈은 어떻게 마련할 거예요. 나는 절대 반대에요."

이룰 수 없는 꿈일까. 별생각이 다 들었다. 돈은 은행 대출을 받고 반을 나누게 되면 그다지 큰 부담은 아닐 듯했다. 이리저리 궁리하는데 사촌 아우 전화가 왔다. 아무래도 형수가 반대해 안 되겠다고 말했다.

"아지매 설득 잘해보세요. 이번 기회를 놓치면 두 번 다시 고향에 집을 마련할 수 없어요."

"그래, 자네는 제수씨가 반대하지 않는가."

"저는 뭐 내가 그렇게 원한다면 해보라고 했어요."

"알았네. 또 한 번 궁리해 보세…."

마지막으로 아들 의견을 들어보기로 했다. 마침 아들이 집에 왔길래 그 말을 꺼냈다.

"지금 당장 사는 집도 내년이면 계약이 끝나 비워줘야 하는데…. 그리고 우리 연고를 대구로 옮길 수 있겠어요…."

"돈은 걱정하지 말고, 대출받든지 어떻게 해볼 테고, 당장 너희들이 내려갈 수는 없겠지…. 우선 집을 사서 내가 왔다 갔다 하면서 자리를 잡아놓고 나중에 너희들이 여기서 뭐든지 할 수도 있지 않을까…. 한번 집에 가서 상의해 보면 어떨까…."

"알겠어요. 한번 의논해 볼게요…."

며칠이 지났는데도 아무 말이 없다. 아내는 쓸데없는 말을 했다고 야단이다. 고향 아재에게서 전화가 왔다. 60평이 다른 사람 이름인데 몇 대가 지나 소유권 이전은 어렵다고 했다. 나누기가 쉽지 않았다. 사촌 아우에게 전화했다.

"그렇게 복잡하게 돼 있으면 어렵겠어요. 나눌 수가 없다면…."

"그러게, 말일세. 좋은 기회이지만 포기할 수밖에 없겠지…."

이룰 수 없는 꿈이다. 하지만 나는 왜 이렇게 새록새록 그 꿈을 버리지 못하고 있을까. 무엇 때문에 자꾸 이 생각이 떠나지 않을까. 어차피 한번은 이 세상을 떠나야 한다. 그런데 무엇을 남기려고 미련을 버리지 못할까. 그다지 훌륭한 삶도 남겨야 할 유산도 별로 없으면서 말이다.

(2021. 11. 28.)

작은아버지

올봄에는 유난히도 새 소리가 자주 들린다. 어제는 먼 산에서 소쩍새가 유난히도 울어댔다. 산철쭉이 지고 나니 산딸나무에 하얀 꽃을 피웠다.

"아부지 운명하셨습니다."

사촌 아우의 전화 속 목소리는 담담했다. 얼마 전 통화로 안부를 주고받았기 때문일까 말했다. 지난가을 작은아버지를 모시고 했던 외식 때가 생각났다. 그날 요양병원에서 사촌 아우는 작은아버지를 휠체어에 모시고 나왔다. 빨간 야구모자를 쓰고 나온 작은아버지는 말씀을 잘하지 못하셨다. "작은아부지 맛있어요." 했더니 고개만 끄덕였다. 음식을 씹는 게 힘들어 보였다. 그렇게 본 모습이 마지막이 되었다.

아버지의 지갑 속에는 항상 작은아버지 사진 한 장이 들어있었다. 조그만 사진 속 삼촌은 너무나 잘생긴 청년 모습이었다. 아버지는 두 살 아래 아우를 무척이나 좋아하셨다. 작은아버지는 간혹 부산 우리 집에 오셨다. 두 분은 한 이불 속에서 다정하게 이야기를 나누면서 주무셨다.

아버지가 돌아가시자 작은외삼촌은 장지를 부산에 있는 공원묘지에 모시자고 했다. 작은아버지는 고향으로 모셔야 한다고 주장했다. 그 당시에 고향의 산은 그린벨트 지역이라 산소를 쓸 수 없었다. 하지만 작은아버지는 만반의 준비를 다 해서 고향 서산에다 아버지의 산소를 마련했다. 그때 아버지는 마흔둘이셨고 작은아버지는 마흔이셨다. 작은아버지는 지혜롭고 당차셨다. 그 후 묘사 때마다 아버지 산소에서 음복을 나누면서 작은아버지는 그 이야기를 많이 하셨다.

아버지가 돌아가시고 어머니는 어렵게 살림을 꾸려나갔다. 아버지 계실 때도 별 수입이 없어 어머니가 장사해서 살았지만, 아버지가 돌아가시고 나자 어머니는 더욱 힘들어 많이 우시곤 했다. 그렇게 어려운 살림이라 나는 무슨 일이라도 해서 어머니를 도와야만 했다. 그 시절에는 군대를 갔다 오지 않으면 제대로 된 직장을 구할 수 없었다. 나는 막노동도 하고 연탄 공장 배달일도 하면서 조금이나마 어머니를 도왔다.

부산집 땅 불하 통지가 왔다. 부산집은 사라호 태풍 때 우리가 살던 집이 날아가는 바람에 아버지와 막내외삼촌이 힘들게 지은 집이었다. 군부대 옆 국유지라 불하받을 기회가 주어졌다.

어머니는 불하받을 돈이 없어 애를 태웠다. 작은아버지가 아시고는 나를 대구로 불렀다. 숙모님이 밤새 나의 내복에다 주머니를 달아 그 속에 돈을 넣어 주었다. 부산집 땅은 그 돈으로 불하를 받았다.

그렇게 어렵게 살다가 나는 입대 통지를 받고 군에 입대했다. 제대를 얼마 앞두고 어머니의 병환 소식이 들려왔다. 전보를 받고 대구 작은집으로 갔다. 작은아버지는 어머니가 병이 들자 대구로 모셔왔다. 대구에 있는 대학병원에 가서 진찰을 받고 검사를 했지만, 위암이 오래되어 손 쓸 수가 없었다고 했다. 작은아버지는 동생들하고 집안을 꾸려나가려면 네가 장가를 가야 한다고 했다. 나는 사귀고 있던 그녀와 함께 어머니를 뵙고 결혼식을 치르게 되었다. 처갓집에서는 외동딸이 갑자기 결혼을 하겠다고 하니 걱정이 많았다. 작은아버지는 상견례 때 장모님께 걱정하지 말라고 안심시켜 주셨다.

결혼식이 끝나자 작은아버지는 "어제저녁에 어머니가 운명하셨다. 빨리 대구로 내려가야 한다."라고 말씀하셨다. 작은아버지는 나의 결혼식을 위해 어머니가 운명하실 것 같아 집을 나와 결혼식을 할 수 있도록 아무 말씀을 안 하셨다. 우리는 고속버스를 타고 작은집으로 가서 상주가 되었다. 작은아버지는 우리 내외가 애처로웠던지 당시 집안의 큰 어른이신 새집 할아버지께 첫날밤은 치르게 해주자고 간청했지만, 허락을 받을 수는 없었다.

　아내는 스무 살 어린 나이였지만 씩씩하게 집안을 꾸려나갔다. 이런 우리의 모습을 보고 작은아버지는 우리를 믿고 든든한 버팀목이 되어 주셨다. 나는 제대해서 취직을 했다. 살던 집이 비도 새고 협소해서 동생들하고 살기에는 너무 불편했다. 마련한 돈은 없었지만 나는 야간에는 공장에서 일하고 낮에는 집을 지었다. 우리 부부는 뒷일을 모두 감당해야만 했다. 힘들게 집을 다 짓고 나니 대문을 해 달 돈도 없었다. 작은아버지는 소식을 듣고 나를 불러 대문도 해 달고 집 짓는데 보태라고 돈을 주셨다.

　부산집을 짓고서 세 아이가 태어나자 작은아버지는 아이들 이름을 지어 주었다. 공장에서 부산은행에 취직했는데 그때도 작은아버지는 힘써 주셨다. 동생들도 대기업에 취직해 차례로 결혼을 시켰다. 상업은행으로 옮기면서 우리는 서울로 올라왔다.

　서울로 와서 논현동에 집을 샀을 때 작은아버지는 그렇게 기뻐하셨다. 그때부터 나는 논현동 형님으로 불렸다. 작은아버지는 당신 자식들한테도 무슨 일이든 논현동 형님과 의논하라고 추켜세워 주셨다. 친척들한테도 논현동 질부가 최고라고 아내를 자랑하기도 했다.

　작은아버지는 서울에 올라오시면 반드시 우리 집에서 유(留)하시며 일을 보시곤 했다. 경북대학 장학실장으로 계실 때는 소청 심사를 받느라 꽤 오랫동안 우리 집에 계신 적이 있었다. 그때 나는 작은아버지를 정부청사에 모셔다드리고 출근하곤 했다. 아내도 정성을 다했는데 음식이 입에 맞았던지 얼마나 우리 내외를 치켜세워 주어 송구스러울 정도였다.

작은어머니 칠순 때는 내가 사회를 보았다. 사촌 아우가 결혼해 영국에 유학 중이라 나는 작은어머니를 업고 돌면서 분위기를 돋웠다. 칠순 잔치를 하고 일 년 남짓해 작은어머니가 돌아가셨다. 사촌 아우는 울먹이면서 엄마가 돌아가셨다고 했다.

숙모님이 돌아가시고 작은아버지는 혼자서 사셨다. 당시 작은아버지는 칠십 대 중반이라 얼마든지 재혼도 할 수 있었지만 모두 물리치셨다. 경북여고에서 교편을 잡으셨기 때문에 혼자 된 제자도 있어 중신도 들어 왔지만 혼자 꿋꿋하게 사셨다. 일편단심 민들레 같았다. 돌아가신 숙모님을 못 잊어 望婦石망부석이 되었다. 어떤 때는 밤이 너무 길다고 하소연하시며 숙모님과 밤새 이야기하던 지난날이 생각나 많이 울었다고 하셨다.

젊을 때 그렇게 당당하고 깐깐했던 모습은 찾아 볼 수가 없었다. 항상 작은아버지만 생각하면 마음이 짠해져 우리 내외는 대구에 갈 적마다 모시고 식사를 함께했다. 늘 가던 수수한 그 한정식집에만 갔다. 어느 해 김장을 해서 가지고 가면서 식사하지 말고 기다리라고 전화를 드렸는데 도착하니 집에 계시지 않았다. 한참을 기다리고 있었더니 멀리서 작은아버지가 나타나셨다. 하얀 추리닝 차림이었다. 어디 갔다 오시냐고 하니 양식 먹고 오는 길이라 했다. 점심같이 하자고 약속했지 않느냐니까 빙그레 웃기만 하셨다. 아마 그때부터 정신이 조금씩 없어진 듯했다. 무슨 양식을 했냐니 햄버거 드셨다고 했다. 그 소리를 들으니 얼마나 마음이 안됐는지 지금도 눈시울이 젖어 든다. 사촌 아우를 만날 때마다 작은아버지가 조금 이상하니 병원에 모시고 가보라고 여러 번 당부했다.

작은아버지는 혼자가 되신 이후로는 많이 변하셨다. 무슨 일이든 주장을 내세우지 않으셨다. 옻골 큰집에 현판을 세우자고 말씀을 드렸더니 老堂精舍노당정사 글씨도 받아 주셨다. 노당은 고조부 아호인데 도산서원을 비롯해 여섯 개 서원의 원장을 역임하셨다. 현판을 세우고는 그렇게 좋아하실 수가 없었다.

작은아버지는 曉楠효남 글씨 한 점을 주겠다고 말씀하셨다. 아들 결혼식 때 그 약속을 지키셨다. 소동파 적벽부를 초서로 쓴 청풍명월淸風明月이 나오는 작품이었다. 素堂先生 淸償소당선생 청상이라 낙관했는데, 素堂소당은 老堂노당에 견주어 부른 숙부님의 아호이다. 나는 이 작품을 두 폭 가리개로 표구하여, 평소에는 안방에 세워두고 제사 때는 병풍으로 쓴다.

어느 해 묘사를 마치고 노당정사에 들렀다. 마침 노당정사 옆 땅을 외지인이 샀다는 말을 듣고 그 땅을 사겠다고 하셨다.

그 땅을 사서 사촌 아우와 내가 반씩 나누어 집을 지었으면 좋겠다고 했다. 나는 사촌 아우와 의논해 보시라고 했다.

사촌 아우에게 작은아버지를 서울로 모시고 오라고 했다. 서울 근처 좋은 요양원에라도 모셔야 하는 게 좋지 않겠느냐고 했다. 사촌 아우도 그런 생각이지만 작은아버지는 요지부동이셨다. 아마 작은어머니와 살았던 그 집을 떠날 수가 없었던 것 같았다. 작은어머니와 함께 사시던 그대로 두고 사셨다. 두해 전 서울 딸네 집에 왔다가 넘어져 다치면서 할 수 없이 병원에 입원했다. 사촌 아우는 최고급 요양병원에 모셨지만 그때부터 작은아버지는 급속히 쇠약해져 갔다.

며칠 전부터 강촌 집에는 소쩍새가 그렇게도 울더니만 작은아버지가 돌아가셨다는 소식이 날아왔다. 나는 한편으로 이제는 편안히 작은어머니 곁으로 돌아가서 다행이라는 생각마저 들었다. 오매불망 그리던 님을 찾아 훌쩍 털고 작은어머니 곁으로 훨훨 날아가셨을 것이다. 장례날 서울에서 발인해 고향 노당정사에 들렀다. 그리운 고향 집을 영정을 앞세워 함께 돌았다. 노당정사를 들어서니 사랑방에 작은아버지가 앉아 계시는 듯하다.

달동 산소는 명당이었다. 작은어머니 혼자 계실 때는 몰랐지만 작은아버지를 모시고 다시 터를 잡으니 몰라보게 되었다.

작은어머니 기일을 며칠 앞두고 낭군을 맞았으니 산소는 아늑해졌다. 멀리 고속도로에서 들려오는 소리가 마치 두 내외분이 도란도란 얘기하는 소리인 듯하다.

하얀 산딸나무 꽃잎이 흩날리는 먼 산에서 소쩍새 소리가 들려온다.

(2020. 5. 17.)

한국전쟁의 영웅

벚꽃은 피울 때보다 질 때가 더 아름답다. 구름처럼 피어났다 바람 따라 하얀 꽃비가 되어 떨어지기 때문이다.

한국전쟁의 영웅 '윌리엄 웨버' 대령이 별세했다. 향년 97세 미 예비역 육군 대령으로 퇴역 후에는, 6·25전쟁과 참전 군인의 무공을 미국 사회에 알리는데 평생을 바친 전쟁영웅으로 불리었다. 미 공수부대 대위로 6·25전쟁에 참전해 중공군의 수류탄과 박격포 공격에 팔과 다리를 잃어 가며 원주의 북쪽 고지 전투를 이끌었다.

1951년 2월 전략적 요충지인 원주 고지를 지키기 위해 매복했다. 이튿날 새벽 중공군이 호각과 나팔 소리를 울리며 진격해 왔다. 기습 공격으로 한 차례 중공군을 격퇴했지만, 중공군이 끊임없이 몰려왔다. 그러던 중 참호에 중공군 수류탄이 날아들었다. 급히 오른손으로 잡아 밖으로 던지려 했을 때 수류탄이 폭발했다. 오른팔이 날아갔지만,

계속 전투를 지휘했다. 다음 날 참호에 박격포탄이 떨어져 오른쪽 다리도 부상했다. 지금도 잊을 수 없는 혹한은 흐르던 피가 얼어서 굳어버릴 정도로 끔찍했다.

이 전투에서 중대원 42명이 전사하고 64명이 다쳤다. 그의 부대는 사흘간 방어 끝에 중공군을 몰아냈다.

조간신문을 읽으니 아버지의 얼굴이 떠올랐다. 아버지는 1928년생으로 살아 계시면 94세가 된다. 1950년 6·25가 발발하자 그해 8월 한국군 육군에 입대했다. 제대로 된 훈련도 없이 급박하게 돌아가는 전시 상황으로 7사단 8연대에 배속되어 곧바로 왜관 전투에 투입되었다. 이곳은 6·25전쟁의 격전지로 국군의 마지막 보루로 치열한 전투가 벌어졌다. 다행히 9월 인천상륙작전으로 인민군이 후퇴하고 국군은 북진을 계속해 평양을 거쳐 압록강까지 진격하였다. 그러나 중공군의 참전으로 후퇴하였다.

나는 아버지로부터 6·25전쟁에 관한 이야기를 들은 적이 있다. 아버지는 좀처럼 전쟁 이야기는 하지 않았는데 그날따라 전쟁에서 잊을 수 없는 사람이 있다며 말을 꺼내었다.

압록강에서 수통에 물을 채우고 우리는 곧 전쟁에서 승리할 것이라고 확신하고 있었다. 그런데 중공군이 압록강을 건너 꽹과리와 나팔을 불며 개미 떼처럼 물밀듯 쳐들어왔다. 우리 부대는 할 수 없이 후퇴했다. 하염없이 걷기만 하였다. 막 겨울로 접어들어 들판에는 하얀 눈이 쌓여 있었다. 계속되는 행군에 지쳐 잠이 쏟아져 쓰러질 지경이 되었다. 어느 동굴 속에서 교전이 시작되었다. 지칠 대로 지쳐 있는 상태에서 죽을힘을 다하여 총을 쏘아댔는데 갑자기 사방에서 조용해졌다. 더이상 싸울 기력이 없어 쓰러진 전우들 사이에 널브러져 있는데 비몽사몽간에 중공군들의 발걸음 소리가 들려왔다. 모두가 다 죽었는지 조용한 가운데 그대로 까무러쳐 있었다. 한참을 지나 사위는 어두워졌고 비바람이 얼굴을 때리는 바람에 깨어났다. 엉겁결에 그곳을 빠져나와 인근에 있는 민가로 숨었다. 그곳에는 국군 몇 명이 더 있었는데 주인 할머니는 자기 아들도 인민군으로 나갔다며 음식을 내주었다.

그 후 아버지는 내무서원이 들이닥친다며 빨리 피하라는 할머니의 말에 황급히 그곳을 빠져나와 부대에 복귀했다. 7사단은 11월 1일 개천으로 철수하고 비호산에서 중공군과 전투하였다. 이 전투에서 3일간의 격전을 치른 끝에 중공군 2개 사단의 공격을 격퇴하였다. 아버지는 11월 4일 이곳 개천지구 전투에서 허벅지에 인민군의 따발총을 맞았다.

1951년 봄에 아버지는 군복 차림의 전우 네다섯 명과 함께 목발을 짚고 절뚝거리며 고향마을에 들렀다. 허벅지의 총상으로 총알이 박혀 통영에 있는 국군병원으로 후송 중이었다. 아버지가 떠나고 며칠이 지나 고향 집으로 전사 통지서가 날아들었지만, 아버지가 다녀가신 후라 안심할 수 있었다. 그 후 아버지는 제대하고 어려운 시절을 고생만 하다 마흔둘에 돌아가시고 말았다. 그때 내 나이 스물한 살이었다.

나는 정년퇴직을 하고 아버지의 국가 유공자 신청을 했다. 당시 전사보고서는 확인되었지만, 부상 관련 기록은 찾을 수 없었다. 아버지가 살아있다면 신체검사를 할 수도 있었겠지만 돌아가신 후라 참전 국가 유공자로 인정받았다. 아버지의 국가 유공자 증서는 우리 집 가보이다. 거실에 걸려있는 증서 속 아버지의 사진을 보니 눈시울이 뜨겁다.

웨버 대령은 한쪽 팔과 한쪽 다리를 절단하고도 한국전쟁의 영웅으로 천수를 다했지만, 우리 아버지는 그 절반도 채우질 못했다. 그것은 아마도 국력의 차이로 국가가 영웅을 지켜주었기 때문일 것이다. 그러나 전쟁에 참전한 모든 용사는 한국전쟁의 영웅이다. 올봄 벚꽃은 유난히도 탐스럽게 피었다. 멀리서 불어오는 봄바람에 하얀 벚꽃이 꽃비가 되어 흩날린다. 한국전쟁의 영웅 웨버 대령의 명복을 빌어본다.

오늘따라 아부지가 그립다.　　　(2022.『한국수필』6월호)

서혜가 그린 초상화

4.
못다 이룬 꿈

   나의 글쓰기 꿈도 시로부터 시작되었다. 국민학교 3학년인가 4학년 때인 듯하다. 그때 우리 집은 아버지의 실직으로 학교 소풍도 가기 힘든 시절이었다. 멀리 버스를 타고 동무들은 모두 소풍을 떠났는데 나는 쓸쓸히 집에 혼자 남아 소풍 간 친구들의 모습을 그리며 시라는 것을 써보았던 기억이 있다. 물론 그 내용이 어떤 것이었는지는 모른다. 하지만 그때의 쓸쓸했던 내 마음을 썼던 것 같다.

게르 위에 뜬 샛별

테를지 밤하늘의 별을 보려고 뒷산에 오른다. 산정에 자리를 펴고 누워 별을 바라본다. 흰 싸락눈이라도 뿌린 듯 몽골의 가을밤은 스산하다. 북두칠성이 시선에 와닿는다. 그 아래 닻별카시오페이아 자리도 모습을 드러낸다. 별 무리가 하늘 가득하다.

미리내은하수 사이로 별똥별 하나가 포물선을 그린다. 시간이 갈수록 게르촌 불빛이 눈에 거슬린다. 두 손으로 불빛을 가려 보지만 밤하늘의 별 무리는 점차 빛을 잃어간다. 등짝이 시려온다. 아쉬움을 뒤로하고 게르로 돌아간다. 그래선지 새벽녘에 잠이 깼다.

별들이 눈에 아른거려 더 이상 누워만 있을 수 없어 주섬주섬 옷을 입고 게르를 빠져나온다. 사위는 아직은 캄캄한데 그 많던 별들은 보이지 않는다. 다들 어디로 갔는지 하얀 게르 위로 샛별 하나가 반짝인다. 서쪽 산마루에 걸린 샛별이 나를 손짓한다. 하얀 샛별을 나침반 삼아 서쪽 산등성을 향해 발걸음을 옮긴다. 갑자기 무언가 내 종아리를 "툭" 친다. 뒤를 돌아다보니 웬 시커먼 짐승이다. 깜짝 놀라 자세히 살펴보니 검은 개 한 마리가 서 있다. '검둥이'는 게르촌을 지키는 파수꾼이다. 머리를 쓰다듬어 주었다. 나에게 조심하라는 듯 조금 앉아 있더니 이내 쏜살같이 산 아래로 내려간다. 산을 오르며 낯선 산행이라 막연한 두려움이 있었는데 검둥이 덕분에 용기가 생긴다.

산 능선에 커다란 나목裸木 두 그루 사이로 샛별이 걸려있다. 산 아래 게르촌은 노란 가로등 불빛에 잠들어 있다. 발 아래를 내려다보니 보랏빛 벌개미취가 어렴풋이 보인다. 그루터기 사이로 꽃 무리가 이어진다. 빨간 패랭이꽃, 보랏빛 초롱꽃, 우윳빛 에델바이스도 나를 반기는 듯 살랑거린다.

새벽녘 동쪽 하늘에 반짝이는 샛별이 '개밥바라기'라는 금성이다. 그런데 새벽 서쪽 하늘에 뜬 저 별의 이름은 무엇일까. 새벽에 뜬 저 별도 샛별은 샛별일 테다. 산등성을 오르다 보니 점점 갓밝이가 몰려온다. 산마루에 다 올라가 하늘을 보니 샛별은 어느새 사라져 보이지 않는다.

샛별은 어디로 갔을까. 나는 그루터기에 앉아 상념에 잠겨본다. 50여 년 전 새벽 서쪽 하늘에 뜬 샛별을 보고 일을 나가 저녁 무렵 동쪽 하늘에 뜬 밥바리기별을 보고 집으로 돌아오던 시절이다. 아버지가 돌아가시고 가장 아닌 가장이 됐다. 하루하루가 고통스럽고 고달프지만, 어머니를 도와야 한다는 일념이었다. 나는 그때부터 모든 일에 최선을 다해야 한다는 신념을 가지게 되고 무슨 일이든 열정을 가져야 한다는 의지도 다지게 되었다.

그 시절 새벽일을 나가며 보았던 샛별은 오늘 하루도 무사히 일을 마칠 수 있게 해달라고 기도하며 빌던 별이다. 저녁에 일을 마치고 집으로 돌아올 때 밥바라기별은 오늘 하루 무사히 일을 마치게 해준 감사의 기도를 올리던 그 별이다.

나는 이 지구에서 어떤 별이었을까. 젊은 시절에는 무엇이든 마음만 먹으면 못할 것이 없었다. 모든 면에서 부족하고 허물 또한 많았다. 이제는 모든 것을 내려놓고 세상을 관조하며 살고는 있다지만 아직도 미숙하기만 하다. 남은 인생은 마지막 순간까지 빛을 잃지 않고 조용히 사라지는 저 샛별처럼 살고 싶다. 그리고 산에 핀 야생화같이 아름답고 굳세게 주변을 보듬으며 사랑을 실천하는 사람이고싶다.

맞은편 산에서 들려오는 메아리 소리에 눈을 돌려 본다. 먼 산 능선으로 햇무리가 길게 깔리더니 산봉우리 아래에서 붉게 물들인다. 뾰족한 산봉우리 위로 붉은 해가 불쑥 솟는다. 햇살은 온 산을 환하게 비추며 게르촌 하얀 지붕을 노랗게 물들인다. 하늘은 잉크빛으로 변해 구름 한 점 없이 맑다. 산등성에는 온갖 꽃 무리가 아침 햇살을 받고 이슬 별이 되어 하얀 게르 위에 뜬 샛별처럼 반짝인다.

(2022. 『한국수필』 10월호)

견현사제(見賢思齊)

견현사제(見賢思齊) 어진 사람을 보면 그와 같이 되기를 생각하라는 뜻이다. 공자는 어진 사람을 만나면 그와 가지런해질 것을 생각하고, 어질지 못한 사람을 보면 안으로 자신을 살피라고 했다.

裸木, 그리고 박수근

양구는 박수근의 고장이다.

배후령 터널을 빠져나오자 황금 들판이다. 가을 들녘은 황금색으로 변하고 산은 짙은 녹색으로 막바지 여름의 끝자락에서 가을을 맞이하고 있다. 창문을 여니 벼 익는 냄새가 확 풍겨온다. 곧바로 박수근 미술관이 나온다.

월요일이라 미술관은 휴관이다. 미술관 주변은 한낮인데도 사람이라고는 아무도 없다. 커다란 등나무 아래 화단 가운데 '양구 군립 박수근 미술관'이라고 쓴 하얀 표지석만 덩그렇게 서 있다. 맞은편 가로등에는 <나무와 두 여인>과 '박수근, 박완서, 황종례' 걸게가 걸려 있다. <나무와 두 여인>은 박수근의 그림 제목이다. 박완서의 등단작 『나목裸木』에 나오는 그림이기도 하다. 미술관에서는 <나무와 두 여인> 특별전이 열리고 있었다.

아내와 나는 '박수근 공원' 쪽으로 발걸음을 옮겼다. 공원은 가을의 문턱에 접어들고 있었다. 박수근 작품을 형상화해서 만든 조형물이 여기저기 세워져 있다. <나무와 두 여인> 그림에 나오는 광주리를 인 여인과 아기를 업은 소녀 조형물 앞에서 아내와 함께 기념사진을 찍었다. 공원이 끝나고 길은 산 쪽으로 '박수근 산소 가는 길'이 나온다.

길은 호젓한 오솔길이다. 산길을 조금 올라가니 갈림길이 나오고 왼쪽 끝으로 산소가 보인다. '박수근 묘'는 양지바른 산속에 있었다. '화백 박수근, 전도사 김복순 지묘'라고 쓴 까만 비석이 세워져 있다. 비석 옆에는 자그마한 '서민 화가 박수근 기념비'가 놓여 있다. 앞면에는 박수근의 그림이 새겨져 있다. 여인 한 사람은 앉아있고 뒤로 아기 업은 여인이 서 있다. '1960 수근'이라 새겼다. 뒷면에는 기념비를 세운 이들의 이름인 듯 오래되어 읽기가 힘든데도 최순우 이름만 또렷하다.

아내와 나는 산을 오르며 주워 온 알밤 몇 알을 상석 위에 놓고 합장하며 묵념을 했다.

박완서의 『裸木』이 떠 오른다.

나목은 6·25가 막 끝나가던 시절 미군 P·X에서의 경험을 바탕으로 쓴 소설이다. 박완서의 1970년 소설가로 등단한 첫 작품이다. 당시 미군 P·X 초상화부에서 박수근은 초상화를 그렸고 박완서는 그림을 주문받는 경리 일을 했다. 박완서는 박수근에 대한 글을 쓰려고 오랫동안 구상했지만, 자신의 경험만으로는 쓸 수 없어 소설 형식으로 썼다고 했다. 소설에 묘사된 사실들은 경험이 없으면 쓸 수 없는 일들이다. 암울했던 시절 호구지책으로 한 일이었지만 그들은 순수했다.

"난 오랫동안 그림을 못 그렸어. 너무 오랫동안… 아직도 내가 화가인지 궁금할 만큼 오랫동안. 나는 사람이 아니란 것보다 화가가 아닌 것이 더 두려워. 화가가 아닌 난 무엇일 수 있을까. 도무지 짐작도 할 수 없어. 며칠 동안만 화가일 수 있게 해줘."

"그렇게 화가이고 싶으세요."

"그냥 그림이 그리고 싶어. 미치도록 그리고 싶어. 정진과 몰두의 시간을 마음껏 누리고 싶어."

휴가를 내고 박수근은 그림을 그렸다. 한동안 P·X를 나오지 않자 박완서는 그동안의 급료를 가지고 그의 집으로 찾아갔다. 상냥하고 다정하게 그의 아내가 맞았다. 박완서는 그림이 있는 방으로 갔다. 윗방에는 어두컴컴한데 80호 정도의 캔버스가 벽에 기대어 놓여 있었고 방바닥은 온통 빈틈없이 어질러져 기름 냄새가 확 끼쳤다.

"나는 캔버스 위에서 하나의 나무를 보았다. 섬뜩한 느낌이었다. 거의 무채색의 불투명한 부연 화면에 꽃도 잎도 열매도 없는 참담한 모습의 고목이 서 있었다."

이 그림이 바로 박수근의 대표작 <나무와 두 여인> 그림이다. 그는 암울했던 시절 자기 모습을 표현했는지는 잘 모르겠지만 이 그림은 훗날 그가 죽고 나자 그의 대표작이 되었다. 1965년 박수근이 죽고 1966년 10월 그의 유작전이 열렸다. 박완서는 결혼을 하고 남편과 함께 전시관을 찾아갔다.

S회관 화랑은 3층이었다. 숨차게 계단을 오르자마자 화랑 입구였고 나는 미처 화랑을 들어서기도 전에 입구를 통해 한 그루의 커다란 裸木을 보았다.
나는 좌우에 걸린 그림들을 제쳐놓고 빨려들 듯이 곧장 나무 앞으로 갔다.
나무 옆을 두 여인이, 아이를 업은 한 여인은 서성대고 짐을 인, 한 여인은 총총히 지나가고 있었다.
내가 지난날, 어두운 단칸방에서 본 한발 속의 고목(枯木), 그러나 지금의 나에겐 웬일인지 그게 고목이 아니라 나목(裸木)이었다. 그것은 비슷하면서도 아주 달랐다.
김장철 소스리 바람에 떠는 나목, 이제 막 마지막 낙엽을 끝낸 김장철 나목이기에 봄은 아직 멀건만 그의 수심엔 봄에의 향기가 애닳도록 절실하다.…
나는 홀연히 옥희도 씨가 바로 저 나목이었음을 안다. 그가 불우했던 시절, 온 민족이 암담했던 시절, 그 시절을 그는 바로 저 김장철 나목처럼 살았음을 나는 알고 있다. 나는 또한 내가 그 나목 곁을 잠깐 스쳐 간 여인이었을 뿐임을, 부질없이 피곤한 심신을 달랠 녹음을 기대하며 그 옆을 서성댄 철없는 여인이었을 뿐임을 깨닫는다.

―『나목』,『여성동아』1970년 11월호 별책 부록

산소를 내려와 미술관 쪽으로 간다. 산 아래 미술관은 숲에 가려 있다. 숲에서 본 미술관은 고즈넉하다. 계단을 내려서니 '박수근 화백상'이 나온다. 그가 창신동 집 마루에 앉아있는 사진으로 본 그 모습이다. 마루에는 그가 그린 많은 그림 속에 <나무와 두 여인> 그림도 있었다. 개울로 들어서니 <빨래터> 그림 팻말이 서 있다. 그림 아래 박수근이 아내에게 보낸 편지 문구가 눈길을 끈다.

일전에 어머님 점심을 가지고 빨래터에 갔을 때, 빨래하고 있는 당신을 본 후 아내로 맞기로 결심했습니다. 나는 그림을 그리는 사람입니다. 재산이라곤 붓과 팔레트밖에 없습니다. 만일 당신이 승낙하셔서 나와 결혼해 주신다면 물질적으로는 고생이 되겠으나 정신적으로는 그 누구보다 행복하게 해드릴 자신이 있습니다. 나는 훌륭한 화가가 되고 당신은 훌륭한 화가의 아내가 되어 주시지 않겠습니까.

빨래터를 건너자, 자작나무 숲이 나온다. 아직은 푸른 숲이지만 벌써 노랗게 물들어 가고 있다. 양구에는 곳곳에 박수근 동상이 세워져 있다. 곳곳에는 박수근의 나목裸木과 두 여인이 그려져 있다. 아파트 벽에도, 빌딩 벽에도 온통 박수근의 그림으로 가득하다. 도로도, 카페도, 기념품점도 모두 박수근 이름으로 넘쳐난다. 양구 곳곳에는 나목裸木과 박수근의 흔적들이 살아서 숨 쉬고 있었다.

  양구는 박수근의 고장이었다.

(2020. 10. 5.)

달빛 소나타

까만 밤하늘에 뜬
노란 보름달
하얀 백사장 너머
바다 한가운데
윤슬 위로
반짝이는 달그림자
한 조각 달빛 구름

백사장 곳곳에서
터지는 폭죽 소리.
모래사장에는
긴 낚싯대를 드리운 사람도
어깨를 나란히 한 연인들도
가을밤에 젖어 든다

둥근 달은 더욱 높이 떠올라
달무리를 드리우고
잔잔한 파도 소리는
달빛 소나타 되어
쉼 없이 속삭인다.

"스르르 쏴
스르르 쏴
철썩철썩"
(2021. 9. 22. 경포 앞바다)

못다 이룬 꿈

넷째 손녀 서혜가 카톡을 보내왔다. 나태주 시인의 시집 『꽃을 보듯 너를 본다』 사진과 「풀꽃」 시를 보고 그린 시화였다. 시화에는 "내가 제일 좋아하는 시"라고 붉은 색연필로 크게 쓰고 시 세 편에 그림을 그렸다. 서혜는 초등학교 2학년이다.

"제가 좋아하는 나태주 시인의 시집이에요. 제가 지은 시도 있는데 보여드릴까요?"라고 카톡을 보냈는데 미처 내가 답장을 못 했더니, "제가 쓴 시에염." 하고 시를 쓴 공책을 찍은 사진 다섯 장을 보내왔다.

집으로 돌아와 나태주 시인에게 받은 시집 『별처럼 꽃처럼』 사진을 보냈다.

"할아버지가 나태주 시인의 사인 받았는데 우리 서혜에게 줄게~^^"

"넹~!^^"

나태주 시인은 한 해 100회 이상의 강연을 하는데 올해에는 150회를 넘겼다고 했다. 특히 학생들이 요청하는 강연에는 반드시 가고 있다고 말했다. 그는 사인할 때는 사인받는 사람을 마주 보게 앉게 하는데 반드시 짤막한 시를 써준단다.

서혜가 언제부터 시를 썼는지는 모르지만 제 어미인 작은딸 이야기로는 학교 선생님이 시를 써보라고 했는데 그때부터 시를 쓴다고 했다. 제법 많은 시를 모아 놓았단다. 서혜가 보내온 시화들을 출력해서 보관했다.

나의 글쓰기 꿈도 시로부터 시작되었다. 국민학교 3학년인가 4학년 때인 듯하다. 그때 우리 집은 아버지의 실직으로 학교 소풍도 가기 힘든 시절이었다. 멀리 버스를 타고 동무들은 모두 소풍을 떠났는데 나는 쓸쓸히 집에 혼자 남아 소풍 간 친구들의 모습을 그리며 시라는 것을 써보았던 기억이 있다. 물론 그 내용이 어떤 것이었는지는 모른다. 하지만 그때의 쓸쓸했던 내 마음을 썼던 것 같다.

그 후 고등학교 시절에는 어떤 여학생을 바라보며 시는 쓰지 못하고 푸시킨의 시를 써 그 여학생에게 주려고 가로등 아래 골목길을 서성였던 추억이 있다. 더 이상 그녀의 환심을 사지도 못하고 말았지만 내 가슴속 깊은 곳에 글을 쓰고 싶다는 씨앗은 뿌린 셈이 되었다. 그래서인지 은퇴 후 나는 못 해보았던 취미생활을 하면서도 늘 마음 한구석에는 글쓰기의 꿈을 되새겼다. 몇 해 전부터는 수필을 쓰고 있다.

나태주 시인의 강연과 손녀딸 이야기를 하다 보니 지난날 추억들이 그리움으로 새록새록 솟아났다. 하지만 내가 시를 쓸 용기는 나지 않는다. 그것은 내 마음이 무뎌져 시를 쓸 수 있는 감성은 못 되는 것 같다.

나의 '못다 이룬 꿈'은 손주들이 이루어 줄까.

(2022. 11. 16.)

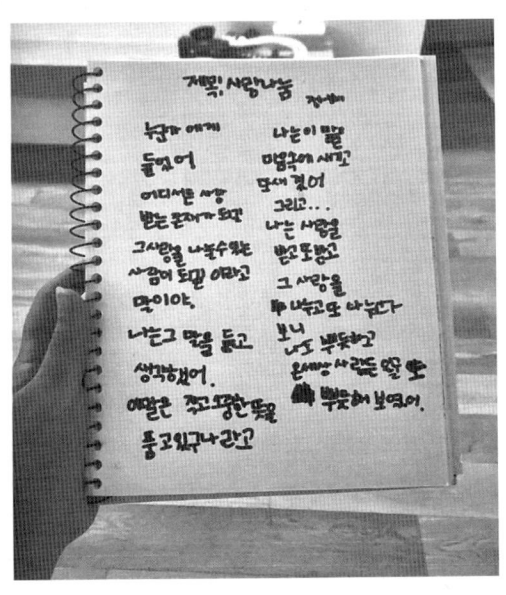

하늘길 트레킹

하이원 가을 여행의 하이라이트는 '하늘길 트레킹'이었다.

'하이원 하늘길 걷기 시작점'에서 기념촬영을 하고 출발했다. 어제저녁만 해도 작은딸은 참석 여부를 결정하지 못했지만, 아침에 날씨도 쾌청하고 바람도 없어 홑몸은 아니었지만 함께하기로 했다. 하늘은 파랗고 상큼한 날씨는 발걸음을 가볍게 해 주었다.

다혜와 서혜가 즐겁게 앞장서 걷는다. '마운틴 콘도'를 돌아서니 '하이원 트레킹 코스 입구'가 나왔다. 이 트레킹 코스는 개발한 지 오래된 듯 곳곳에 표지판들이 가지런히 세워져 있다.

숲으로 들어서니 좌우로 활엽수들이 우뚝우뚝 솟아있고 길은 낙엽에 싸여 있다. 만추로 물든 가을 산은 트레킹 분위기를 한껏 돋워 주었다. 조금씩 가파른 오솔길을 줄지어 올라갔다. 여기저기서 간간이 숨소리가 가빠지기도 했지만, 작은딸은 다혜

손을 잡고 잘 걸었다. 산길 곳곳에는 도토리가 여기저기 떨어져 있다. 서혜는 신기한 듯 들여다보며 말했다.

"도토리는 다람쥐 양식이니까 주워가면 안 되지요."

"그럼 도토리는 다람쥐의 겨울 양식이란다."

"저기 돌 구멍 속에서 다람쥐는 겨울을 지내지요."

"그럼 똑똑한 우리 서혜."

"우리 다혜랑 서혜도 오늘 시 하나 지어볼까."

곳곳에는 시를 쓴 표지판이 나왔다.

나무통을 매단 '기역' 자로 생긴 나무막대가 세워져 있다. 다혜와 서혜는 막대기로 나무통을 두들겨 본다.

활엽수 산길은 한동안 이어졌다. 곳곳에 노란 단풍과 붉은 단풍으로 물든 나무들이 가을 정취를 살려준다. 산등성이 나무 홈통으로 졸졸 흐르는 옹달샘이 정겹다. 막돌로 쌓은 돌탑들이 군데군데 서 있다.

'석탄으로 북적였던 시절'이란 푯말에는 1950년대 이곳에 탄광이 개발되면서 전국에서 모이던 많은 사람들이 깊은 산중인 이곳에서도 살았다고 한다. 하늘을 찌를 듯 전나무 활엽수 숲길은 길게 이어졌다.

한참을 올라가니 잡목 숲길이 나온다. 졸참나무, 단풍나무, 자작나무 등으로 우거진 오솔길 사이로 비치는 햇살이 환상적이다. 물푸레나무와 다릅나무를 비롯해 이름 모를 나무들은 서로 뒤엉켜 숲을 이루었다. '고원 숲길' 팻말이 서 있다.
 이 숲에는 야생화가 일 년 내내 핀단다. 모시래, 참당귀, 궁궁이, 곤달비, 참산부추는 8월에 피고 용담, 까실쑥부쟁이, 각시취, 투구꽃, 산비장이, 산구절초, 감국, 꽃향유는 9월에서 10월 사이에 핀다. 우리 산야에 어디서나 볼 수 있는 야생화도 있고 이곳에서만 볼 수 있는 귀한 꽃도 있다. 가을이 깊어 지금은 노란 황국만 간간이 피어 있다.
 전망대에 올라서니 산 아래 '강원랜드' 건물과 멀리 사북마을도 보였다. 더 멀리에는 태백산맥의 준령들이 겹쳐 까마득하다. 앞산 아래 신작로에는 암자인지 이 층 한옥 한 채가 햇볕 쬐기를 하는 듯 오도카니 서 있다. 우리는 돗자리를 깔고 조금 쉬어가기로 했다. 커피도 마시고 간식도 먹으며 힘든 발걸음을 풀어주었다. 이정표에는 '마운틴 콘도 2.1Km, 하이원 탑 3.1Km'라고 알려준다. 아직 반을 못 온 것같다. 온 길보다 갈 길이 멀다.
 힘들게 산을 오르니 넓은 마당이 나왔다. 헬기장이다. 이곳은 탄광 지하갱도에서 나오는 취출수를 정화하는 시설로 중금속 오염을 방지하기 위해 만든 시설이다. 별다른 시설은 없고 취출수를 가두어 놓는 커다란 수조가 있다.
 여기서부터 낙엽이 노랗게 물든 수목들이 숲을 이룬다. 트레킹 코스 중 가장 아름다운 길이다. 늦가을 만추로 곳곳에는 노랗게 물던 나무들과 빨갛게 물든 단풍이 가는 가을을 아쉬운 듯 여기저기서 손짓하고 있다. 넓은 임도지만 바람 하나 없이 아늑한 분위기를 연출하고 있다. 서혜는 얼른 조그만 빨간 단풍나무 앞에 선다. 귀여운 모습으로 입가에 미소가 넘쳐난다. 숲길은 환상적이었다.

"이 좋은 경치를 보지 못 했으면 얼마나 후회가 될까." 하며 아내는 모두가 나선 것이 다행이라는 듯 한마디 했다. 임도에서 꺾어져 산길로 들어선다. 이곳에서 하이원 탑까지 2~30분 밖에 남지 않았다는 안내판을 보니 모두 힘이 났다. 다혜와 서혜도 신이나 이정표를 보고 좋아한다.

다시 활엽수림으로 바뀌었다. 쭉쭉 뻗은 활엽수림들은 노랗게 물들어 눈비처럼 흩날리고 있다. 조금 더 올라가니 '도롱이 연못'이 나왔다. 연못은 아늑하고 신비로운 모습으로 다가왔다. 산 정상 가까이에 어떻게 이런 연못이 있을까. 이 연못에는 슬픈 사연이 있었다. 탄광의 갱도가 주저앉아 생긴 연못의 유래는 1970년대 이 일대에 살고 있던 광부의 아내들은 남편의 무사고를 이곳에 사는 도롱이에 빌었다. 도롱이가 살아있는 한 갱도는 무너지지 않을 것이란 믿음으로 빌었다는 전설 같은 이야기다.

"여기서 우리도 소원을 빌어야지."

"무슨 소원을 빌어요."

"세복이 소원을 빌어야지."

"세복이 소원은 벌써 빌었어요."

"다시 한번 빌어볼까."

"우리 세복이 건강하게 태어나게 해주세요."

이곳 사북지역은 석탄산업의 발효지로 1930년대부터 시작해 수많은 애환을 가지고 한때 우리 산업의 기둥 역할을 하기도 했다. 어렵고 배고프던 시절 전국에서, 많은 사람이 모여들었다. 하루하루 살얼음판을 걷는 심정으로 일하였다. 때로는 대형 사고로 많은 사람이 목숨을 잃기도 했고 또 수십 일만에 구출되어 영웅이 되기도 했다.

이제 이곳에는 강원랜드와 하이원 리조트가 개발되었다. 1,200m 고원에 있는 천혜의 자연 생태환경과 350여 종의 야생화 능선에는 트레킹코스인 하늘길이 열린 것이다. 오늘 우리가 누릴 수 있는 이 혜택은 그동안 수많은 산업일꾼의 뼈아픈 희생 속에 이루어진 것이 아닐까 생각하니 마음이 숙연해진다. 당시 광부 가족의 슬픈 시비 김남주의 「검은 눈물」이 세워져 있다.

"눈물 젖은 빵을 먹어보지 못한 사람하고는 인생을 논하지 말라."라고 했던가. 눈시울이 젖어온다. '그 시절 우리는 모두 그렇게 살았지.' 넋두리를 해본다. 군데군데 하늘길은 아직도 검은 길이었다.

산길은 막바지에 다다른 듯하다. 고원 숲길은 하이원 탑으로 향하고 있다. 고목이 된 자작나무 아래 잠시 쉬어간다. 다혜와 서혜에게 아내가 말했다.

"자작나무는 자작자작 소리를 내며 타기 때문에 자작나무란다."

"신기하네. 하얀 자작나무."라고 나무를 한참을 들여다본다. 작은딸은 힘든지 나무토막 위에 앉자 아내가 옆으로 가 앉는다.

"힘들지 않니 홀몸도 아닌데."라며 아내가 살핀다.

이 산등성이에도 철 따라 야생화가 핀단다. 새봄이 되면 얼레지, 노루귀, 홀아비바람꽃, 처녀치마, 복수초, 죽도리, 꿩의 바람꽃, 애기나리, 태백제비꽃, 피나물, 양지꽃, 큰 구슬봉이, 나이초, 은대난초들이 핀다.

'그때쯤이면 우리 세복이도 태어나겠지.'

저 멀리 하이원 탑이 보인다. 드디어 정상이다. 정상에는 하이원 탑이 우뚝 솟아있다. 곤돌라의 마지막 정류소이다. 스키의 시작점이기도 하다. 저 멀리 백두대간이 겹겹이 이어져 있다. 산 넘어 산, 산들이 아련한 그리움으로 밀려오는 듯하다.

다혜와 작은딸은 두 손으로 하이파이브를 한다. 서혜는 정서방과 함께 벌써 올라와 있다. 하이원 마스코트 앞에서 다혜네 네 식구, 아니 다섯 식구는 기념사진을 찍었다.

하이원 탑 아래 잔디광장에 돗자리를 깔고 도시락을 먹고는 내려가는 길은 곤돌라를 타고 마운틴 콘도로 내려갔다. 곤돌라에서 산 아래를 보니 하늘길은 멀고도 아득했다. 늦가을 숲길과 초겨울 숲길이 멀리서 손짓을 하는 듯 사라진다. 모두 무언가를 해냈다는 뿌듯해하는 모습이다.

　오늘 '하늘길 트레킹' 길은 가슴 속 깊이 남아 먼 훗날 또 하나의 그리움으로 다가올 것이다.

(2020. 10. 25.)

에델바이스

"와 에델바이스다."

누군가 외치는 소리에 발 아래를 본다. 하얀 솜털에 덮인 눈꽃 별 모양의 꽃 몇 송이가 뾰족이 올라와 있다. 처음 보는 꽃이다. 에델바이스를 보는 순간 영화 <사운드 오브 뮤직>의 음률이 입가에 절로 읊조린다. 드랩 대령이 일가족을 데리고 알프스의 산을 넘으며 부르던 노래이다. '에델바이스가 저렇게 생겼나. 에델바이스는 천사의 이름이 아니던가.'

노란 개양귀비도 보인다. 꽃 한 송이에 연두색 꽃주머니 두어 개가 달렸다. 보랏빛 초롱꽃도 보인다. 노란 매미꽃, 연보랏빛 벌개미취, 빨강 패랭이꽃도 널려 있다. 꽃들은 하나같이 낯설지 않다. 다만 키가 작아 땅에 달싹 붙어있다. 산등성 아래쪽은 나무는 없고 야생화들로 꽃 들녘을 이룬다.

민속공연에서 들은 노랫가락이 들려온다. 마두금의 구성진 곡조가 귓전을 울린다. 몽골의 유목민들은 한恨이 없다지만 이곳의 옛 창법인 허미 가락과 전통악기인 마두금에서 울려 퍼지는 소리는 왠지 슬프게만 들린다. 한이 맺힌 가락이다.

순간 몽골로 끌려간 고려 공주가 떠오른다. 칭기즈칸이 맹위를 떨치며 전 세계를 정복할 때 우리나라도 예외는 아니었다. 고려의 힘없는 왕조는 대적하지도 못하고 강화도로 피해 버티다가 결국에는 화친을 맺는다. 그들의 요구를 들어줄 수밖에 없었으리라. 그때 끌려간 고려의 유민들은 어떻게 살았을까.

몽골박물관에서 본 한 장의 그림이 눈에 밟힌다. 쿠빌라이가 세웠다는 원나라의 전성기때 지도이다. 동쪽은 한반도에서 서쪽은 헝가리, 남쪽은 이란까지 모두 이들이 정복한다. 고려는 고종과 원종의 재위在位 시절이다. 고려사 한 구절이 가슴을 아리게 한다.

몽골 황제는 고려에 첩문牒文을 보낸다.

"우리는 금은과 주자株子와 수달피를 얻으려 하니 말 이만 필과 함께 실어 보낼 것이며, 또 우리 대군은 집을 떠난 지 여러 날 되어 옷이 모두 해졌으니 일백만 군사의 의복을 마련하여 보내고, 왕손·공주·군주 등과 남녀 각각 일천 명을 황제에게 보낼 것이다. 모든 일은 빠른 것이 좋으니 헛되이 날을 보내지 않도록 할 것이다."

고려는 그들의 요구를 들어주지 않을 수 없어 공주를 비롯해 많은 사람을 몽골로 보냈으리라. 이들은 이역 만릿길을 밤낮없이 걸어서 이곳으로 끌려왔을 것이다. 그러나 이곳 산천의 수많은 꽃과 밤하늘의 별들이 그리 낯설지가 않아 그나마 다행이었지만 이들의 고초는 그리움과 한이 되어 이곳 사람들에게 녹아들지 않았을까.

그래선지 몽골박물관의 유물들은 그리 낯설지 않다. 막새기와도, 돌하르방도, 도깨비 전벽돌도 하나같이 고려의 유물을 보는 것 같다. 이곳 초원에 핀 야생화도 크기는 좀 작지만, 우리 야생화와 거의 같다. 몽골과 제주의 말馬이 같고, 전통주 마유주도 막걸리와 비슷하다.

몽골왕조의 마지막 왕인 복드 8세의 겨울궁전에 있는 사찰의 양식도 고려 사찰을 많이 닮아있다. 일주문의 사천왕상, 탱화, 불상들은 왜 하나같이 고려의 유물들을 닮았을까. 이는 아마도 이곳으로 붙잡혀온 고려의 유민들이 고려의 양식으로 만든 문화유산은 아닐까.

테를지의 열트산은 천상의 하늘나라를 보는 것 같다. 두 시간이면 족하다는 산행길을 무려 네 시간이나 꽃들에 취해 걸으며 또 한 번 하얀 들꽃을 만난다. 푸른 초원 한 자락에 피어있는 하얀 에델바이스의 꽃 무리다. 나는 이곳에 주저앉아 하얀 솜다리꽃을 만져 본다.

고려 공주의 애달픈 모습일까. 한 소절 아쟁 가락이 멀리서 들려오는 듯하다.

(2022. 『창작산맥』 겨울호)

근고지영(根固枝榮)

뿌리가 튼튼해야 가지가 번성한다. 기초와 기본이 중요하다는 말이다. 무엇을 하든 기초가 중요하지만, 기본을 익히는 일에 소홀히 하는 경우가 많다. 따라서 모든 일에는 기초를 튼튼히 해야 한다.

최순우 옛집

 지난 오월 '행복한 글쓰기' 야외수업으로 성북동 문학기행을 갔다. 제일 먼저 들른 곳이 최순우 옛집이었다. 대문을 들어서니 어렴풋이 선생이 떠올랐다. 선생은 책을 통해 알게 되었지만 내 기억 속에 자리 잡고 있었다.
 최순우, 지금부터 30여 년 전 『무량수전 배흘림기둥에 기대서서』를 읽으면서 나는 단번에 선생의 인품과 안목에 깊이 빠져들었다.

 40대 초반 혈기왕성하던 시절이라 글을 읽는 순간 '사무치는 고마움'에 꽂혀 당장 부석사를 찾아 나섰다. 그때만 해도 고속도로 사정도 변변찮아 영주까지 가기는 쉽지 않았지만, 어찌어찌 찾아가서 무량수전 배흘림기둥에 기대서서 먼 산을 바라보았다. 안양루 누각 너머로 소백산맥이 겹겹이 둘러싸여 아득하게 보였다. 그러나 '사무치는 고마움'은 느끼지 못한 것 같다. 하지만 최순우 이름 석 자는 확실하게 자리 잡게 되었다.

　최순우 옛집을 방문하고 난 후 마음 한편으로 선생에 대한 글을 써야겠다고 마음먹고 있었다. 이런저런 핑계로 좀처럼 쓰질 못하고 있는데, 이번 주 수업에서 선생님은 성북동에 갔다 와서 글 한 편이 올라오지 않는다고 많이 아쉬워했다. 꼭 나들으라고 하는 말 같았다. 그때 나는 뒷마당 툇마루에 앉아 문화해설사의 설명을 열심히 메모까지 했다. 더욱이 선생님은 이 모습을 카메라에 담아 영상물로 올렸으니 도둑이 제 발 저리다는 말이 실감 난다.

　혜곡 선생은 성북동 한옥을 사들이기로 하고는 바쁜 공무로 출장을 떠나고 뒷일은 모두 아내 몫으로 했다. 성북동 집은 문화계의 사랑방 구실을 톡톡히 했다. 선생이 이 집을 결정한 한옥에 대한 취향은 그의 수필 「연경당에서」에 잘 나타난다.

　이튿날 아침 성북동을 다시 찾았다. 대문을 지나 별채에서부터 꼼꼼하게 살폈다. 안채 대청마루에 올라가서 선생의 유품을 보니 손때 묻은 라디오며 헤진 사진기를 얼마나 애지중지했는지 알 것 같다.

　안채 마루 위 표암 강세황의 집자 편액이 눈에 들어온다. 『논어』의 문장으로 "溫良恭儉讓而得之온량공검양이득지"가 행서로 쓰여 있다. 『논어』 「학이」 편에 나오는 말이다. 그 뜻은 "따뜻하고 양순하며 공손하고 검박하며 겸양함"이다. 바로 선생이 평생을 지켰던 생활신조가 아닐까. 안주인이 거처했던 안방에는 살림살이는 없어졌지만 노란 밀화빛 장판을 보니 생전 사모님의 손길이 남아 있는 듯하다. 건넌방은 따님이 사용했다.

 안채와 붙어있는 사랑방으로 가본다. 사랑방 앞으로 기다란 툇마루는 대청마루까지 연결되어 있다. 전형적인 우리의 넓지도 좁지도 않은 툇마루이다. 사랑 방문 위에 '杜門卽示深山두문즉시심산' 현판이 걸려있다. 선생의 친필 해서를 보니 이 집의 분위기가 묻어난다. '문을 닫으면 바로 깊은 산속'이라는 뜻이다. 석류가 익어가는 여름 우수 노인이라 낙관했다. 매사 조심하고 소욕지족할 줄 아는 선비가 연상된다.

 사랑방 격자창 너머로 서가와 오동나무 책장이 보인다. 두 폭 가리개 병풍에는 산수화가 그려져 있다. 그 앞에 보료와 방석이 깔려있다. 서가에는 선생의 책들이 꽂혀 있다. 삼단장에는 달항아리 백자와 제법 큰 연적과 제기祭器 접시가 놓여있다. 안방 사이 문 위로 추사 선생의 서각 한 점이 걸려있다. '梅竹水仙齋매죽수선재, 매화와 대나무와 수선화가 피는 집'은 선생이 동경했던 집이리라.

 안마당 정원을 돌아 뒷마당으로 갔다. 제법 큰 규모의 정원은 깊은 산속을 방불케 했다. 선생이 이 집 당호를 '두문즉시심산'으로 한 이유를 알 듯하다. 툇마루 사랑방 문 위에는 '午

睡堂오수당'이라는 현판이 걸려있다. 단원 김홍도가 쓴 초서로 된 자그마한 현판이다. 혜곡 선생은 자신을 낮잠 자는 '오수노인'이라 했다. 나는 뒷마당 툇마루에 앉아 한참 동안 사색思索에 잠겼다.

최순우 선생은 이 집에서 돌아가실 때까지 8년을 사셨다. 여기서 수많은 주옥같은 글들이 쓰였을 것으로 생각하니 가슴이 먹먹해진다. 공무에 지친 몸을 이끌고 집으로 돌아와, 대문을 걸어 잠그고 낮잠을 즐기면서, 뒤뜰에서 유유자적하며 사셨을 것 같다. 선생이 그토록 갖고 싶어 했던 '연경당'도 이곳에 이루어 놓은 듯하다.

1984년 혜곡 선생이 작고하신 후에도 사모님은 따님과 함께 20여 년을 이곳에서 살았다. 선생이 남긴 수많은 집필과 장서들을 정리하고 출판을 독려해서 '최순우 전집 전 5권'이 1992년에 출간하였다. 그리고 그 요약본 격인 『무량수전 배흘림기둥에 기대서서』가 1994년에 출간되었다. 이 책은 곧 베스트셀러가 되어 선생의 아름다운 글들이 널리 알려졌다.

무량수전 배흘림기둥에서의 감정이 내 마음속에 살아나 나는 오수당 툇마루에 앉아 "사무치는 고마움"의 뜻을 몇 번이고 자문자답 해본다.

(2019. 7. 13.)

피천득 다시 읽기

초가을 피천득 산책로는 쾌청하다. 숲길 터널을 지나 둑길을 내려서니 널따란 개울에 오리 떼가 한가로이 떠다닌다. 여름 끝 한낮이라선지 길에는 뙤약볕만 내리쬔다. 다시 숲으로 들어서니 하얀 벤치에는 피천득 수필「오월」과「종달새」가 새겨져 있다. <피천득 다시 읽기> 플래카드 아래 까만 피천득 선생의 좌상이 놓여 있다. 살포시 옆에 앉아「보스턴 심포니」시비를 읽어본다.

다리를 건너 '심산 문화센터'에 도착했다. 아직 이른 시간이라 강의실에는 아무도 나와 있지 않았다. 잘못이 있는가 두리번거렸지만 물어볼 사람 하나 없다. 강의 시간이 다 되어서야 '피천득 기념사업회' 사람들이 나왔다.

오늘 특강을 하기로 한 이근배 시인이 갑자기 병환으로 출강하지 못해 박희진 교수가「어느 여교수의 회고록—그런데도 못다 한 말」을 낭독했다.

1강을 맡은 박희진 서울대 명예교수는 피천득 선생의 서울대 영어영문학과 제자이다. 그는 졸업을 서너 달 앞두고 결혼했다. 피천득 선생이 축사를 했는데 축사도 인상적이었지만 축사에 임하는 선생의 자세를 잊지 못했다.

"선생님은 결혼하고도 남편에게 수시로 부인에게 잘하라고 야단을 쳤어요. 남편은 '나는 장인어른 두 분을 모시고 산다.'라고 투덜거렸어요."

남편이 미국 유학을 마치고 서울대 교수가 되었다. 제자에게 미국 유학을 가라고 다그쳐 하와이 대학교로 갔다. 피천득 선생은 미국 출장길에 호놀룰루에 들러 제자를 찾았다. 제자는 선생의 품에 안겨서 울었다. 그런데 세상을 떠날 때까지 어찌해서 당신이 하와이 대학 기숙사까지 들렀는지에 대한 이야기는 일절 하지 않았다.

제자가 서울대 교수가 되어서는 여교수니까 여기저기서 잡문 청탁이 들어올 텐데 절대로 응하지 말고 오로지 학술 논문만 쓰라고 했다. 피천득 선생은 키츠의「그리스 항아리에 바치는 송가」를 좋아했는데 평생 다른 여인을 사랑할 수 없었는지도 모르겠다며 키츠의 시를 낭송했다.

담대한 연인이여/ 그대 그녀에 가까이 있으나/ 결코 그녀에게 입맞춤할 수 없을 것/ 하지만 슬퍼하지는 말라/ 그대 뜻은 이루지 못했

으나/ 그녀는 색이 바래지도 않을 터/ 그대 영원히 사랑하고/ 그녀 또한 영원히 아름다우리//

―키츠 「그리스 항아리에 바치는 송가」

2강 「피천득 회고」를 맡은 정정호 중앙대 명예교수는 '피천득 다시 읽기'의 주간을 맡고 있다. "나는 어떻게 영문학을 배웠나." 그는 피천득 선생의 마지막 세대라 할 수 있다. 피 선생이 1974년 서울대학교를 조기퇴직하셨기 때문이다. 선생에게 4과목을 수강했다. 선생은 영어를 굉장히 잘하셨다. 영어를 잘하게 된 이유로 선생이 10세에 천애 고아가 되었을 때 춘원 이광수 댁에서 하숙하게 되었다.

당시 춘원은 동아일보 편집국장을 하고 있었는데 피천득이 고아로 소학교를 2년이나 월반하여 경성고보에 입학하였다는 소문을 듣고 집으로 데려와 3년 동안 한집에서 살았다. 피천득은 춘원에게 영어와 문학을 배우게 되었다. 상해 유학을 권유받아 후장대학 영어영문학과에 입학하였다. 선교사가 세운 후장대학에서는 모든 수업을 영어로 하였는데 영국 교수들로부터 개인지도에 가까운 영어지도를 받았다.

귀국 후에는 교원 생활을 전전하다 서울대학교 문리과대학 교수가 되었다. 사범대로 옮겨 영어 교과서를 집필하였으며, 첫 시집 『서정 시집』을 내었다. 영문학 번역집을 출간하며 왕성한 영문학 번역과 시조, 시, 수필 등의 문학 활동도 하였다. 정 교수는 동숭동 시절의 피천득 선생은 학점이 짜기로 유명했는데 여학생에게는 A 학점을 잘 주었다. 정교수는 4과목 중 3과목을 A 학점을 받았다고 했다.

피천득 선생은 영문학 교수였지만 문학에 조예가 깊었다. 선생은 청진동 출생으로 서양식 유치원과 서당을 함께 다녔는데 『사서삼경』을 공부해 한학에도 밝았으며 일본 문학에도 뛰어났다.

선생은 영문학 강의에서 낭송을 중시했다. 선생의 목소리는 카랑카랑했으며 꾀꼬리를 좋아했다. 목소리는 낭랑했고 톤이 높았다. 영시 낭송도 운율에 맞게 읽었다. 번역도 직역을 피하고 자연스럽게 우리말에 맞게 했다. 학생들에게 영시 몇 수는 반드시 암송하도록 했다. 낭만시를 좋아했으나 목적을 가지고 시를 읽는 것을 경계했다. 시와 문학을 우리의 삶에 적응시켰다.

피천득의 문학관文學觀은 그의 수필 「순례」에 잘 나타나 있다. "문학의 본질은 정情이다."라고 했다. 그 속에는 자연적인 슬픔, 상실, 고통을 달래주는 연민의 정이 흐르고 있다. 돌아가시기 두 해 전 높은 차원의 시는 동서양을 막론하고 엇비슷하다며 이는 순수한 동심과 고결한 정신 그리고 맑은 서정에 있다. 이것이 문학의 핵심이며 완성이라고 했다. 남을 누르는 사회에서는 시가 잘 안되며 시에서 가장 필요한 것은 반전이라고 했다.

시를 읽으면 마음이 맑아지고 절실해진다며 선생이 늙어서 책을 읽을 수 없었을 때도 아르바이트 여대생을 시켜 시를 읽게 했다.

강의가 끝나고 질의응답 시간이 있었다. 첫 번째 질문자로 내가 나서 물었다.

"지난번 피천득 산책길 만남에서 김남조 선생께서는 '피 선생님께서는 두 여자를 좋아하셨다.'라고 했는데 한 사람은 딸 서영이고 또 한 사람은 누구라고 하셨는데 잘 알아듣질 못했는데 혹시 누구인지 아시나요."

정정호 교수는 웃으면서 답했다.

"피천득 선생께서는 평생 많은 여성을 좋아하셨어요. 선생의 수필에서도 언급하였지만 '아사꼬'와 '유순이'가 그렇고 평생을 그리워한 어머니는 선생이 돌아가실 때까지 잊지 못한 여인이었습니다. 그래서 선생의 문학의 뿌리는 어머니라고 하지요."

"피천득 선생이 여성을 좋아한 것은 어머니에 대한 그리움과 연민의 정 때문일 거예요. 7살에 아버지를 여의고 10살에 어머니마저 잃어 천애 고아가 된 선생은 평생을 어머니를 잊지 못했어요. 선생은 어머니의 변신으로 여성을 갈구했던 것이었어요. 이룰 수 없었던 '아사꼬'나 '유순이'가 그랬듯이 입에 오르내렸던 여성들과는 하나같이 무슨 염문은 없었다고 해요. 어머니에게 받지 못한 그리움과 사랑을 갈구했던 것이죠. 선생이 제일 좋아했던 예술품이 미켈란젤로의 <피에타>였어요. 피 흘리고 있는 예수를 안고 있는 마리아를 보면서 어머니를 생각하고 자기 모습을 보았는지도 모르지요."

  피천득 산책로를 따라 집으로 돌아오는 길에 내 마음이 바쁘다. 오늘 특강은 아버지의 제삿날이라 망설이다 집을 나섰다. 제사 음식 만드느라 경황이 없는 와중에 아내는 빨리 나갔다 오라는 눈짓을 보냈다. 아직 가을 해가 중천에 있지만 종종걸음으로 집을 향했다.

(2022. 10. 6.)

강화도 유감遺憾

 강화 초지대교를 들어서니 염하강이 소용돌이치며 흐른다. 서해와 한강이 만나는 기점이라 그 소용돌이가 만만치 않다. 갯벌 위 붉은 섬초가 널려 있다. 간만의 차로 검은 갯벌은 골을 이룬다. 그래서인지 이 섬은 예로부터 함부로 건널 수 없는 천혜의 요새라고 했나 보다.
 전등사 앞 울창한 송림 사이로 산성이 우뚝하다. 정족산은 단군의 세 아들이 산성을 쌓아 삼랑산성이라 불린다. 문화 해설사의 안내로 종해루宗海樓로 들어선다.
 "코스모스 속에는 우주宇宙가 들어 있어요. 찾아보세요."
 모두들 코스모스꽃을 보며 두리번거리기만 한다.
 "자세히 보아야 해요. 사진으로 찍어 봐요. 까만 별과 노란 별이 가득 할 거예요."

 커다란 느티나무 한 그루가 길손을 맞는다. 은행나무 두 그루도 고목이 되어 자태를 뽐낸다. 수령이 700년이면 이곳에 절이 세워졌을 무렵이다. 1,300년대 고려의 고종 시절이다. 정족산 단군신화는 고려 무신정권이 왕궁을 이곳으로 옮겨오며 내세운 이념이란다. 몽골의 침략을 피해 단군신화를 끌어들여 백성들을 회유했다. 무신정권은 허수아비 왕 고종을 겁박하여 강화 섬에서 39년간을 버텨냈다.

그 후 고려는 결국 원나라와 화친하여 몽골의 부마국으로 전락하고 말았다. 고종의 손자 충렬왕은 칭기즈칸의 손자 쿠빌라이 칸의 막내딸을 왕비로 맞아들였다. 첫째 부인은 정화궁주로 내몰리고 몽골의 제국대장공주가 왕비가 된다. 전등사(傳燈寺)는 정화궁주가 이 절에 옥등을 전했다는 유래에서 절의 이름이 되었다. 전등사 용마루 가운데 청기와 석 장이 올려져 있다. 그 뜻은 이 절에 임금이 왔다 간 표식이다.

광해군 시절 이 절을 중창할 때 도편수가 인근 주모에게 정을 주고 돈까지 맡겼는데 어느 날 주모는 다른 놈팡이와 눈이 맞아 줄행랑을 놓았다. 도편수는 괘씸해 주모의 형상을 나무로 깎아 처마를 바치게 했다는 원숭이 목각이다

대웅전 배흘림기둥을 자연석 주춧돌로 바치고 있다. 자연석 모양대로 나무를 파내고 올려놓은 그렝이 공법이다. 나무 속 빈 곳에 숯과 소금을 넣어 부식과 흰개미의 피해를 막아준다.

사찰 경내를 지나 소나무 숲에 있는 강화 정족산사고지鼎足山史庫止는 『조선왕조실록』과 왕실 족보를 보관하던 곳이다. 임진왜란 때 유일하게 남았던 전주 사고본을 마니산으로 옮겼는데 경비가 허술하여 또다시 이곳으로 옮겼다.

조선은 왕의 모든 말과 행동을 기록으로 남김으로써 국가의 통치와 기강을 세울 수 있었다. 조선은 제왕의 교육과 기록을 통하여 500년 동안 유지할 수 있었다.

점심으로 강화 쌀밥집에서 나온 식사는 밴댕이 회무침과 돼지고기 수육과 고등어구이에 순무 김치를 비롯한 비지와 된장찌개 등 가히 임금님 수라상 같다. 막걸리로 목을 축이고 강화 돌솥밥으로 동우회 회원들은 화기애애하게 야유회의 분위기를 한껏 즐겼다.

병자호란 때 인조는 강화의 수비대장을 일등 공신의 자제인 김경징으로 지키게 했다. 그런데 그는 술과 쌀장사로 일삼으며 직무를 방관했다. 이곳이 천혜의 요새라 군무를 소홀히 하다가 결국 청나라 군사들에게 쉽게 무너졌고 그는 도망쳤다. 그때 많은 백성이 죽으며 갯벌은 피로 붉게 물들었다. 그래서 이곳 사람들은 갯벌에 피어나는 섬초를 갱징이풀이라 했다. 섬에 갇힌 조선 백성들은 노예로 끌려갔는데 그 수가 50만에서 60만 명에 이르렀다. 끌려간 사람들은 청나라 심양에서 노예로 팔렸다. 인조는 삼전도에서 굴복한 후 김경징을 참수하라는 상소에도 불구하고 유배를 보내다. 그래도 상소가 끝나지 않자 할 수 없이 사약을 내렸다. "인조는 조선을 못 지켰고, 김경징은 강화도를 못 지켰다."라는 동병상련 때문에 인조는 김경징을 두둔했다고 후세 사람들은 말했다.

광성보는 고려시대 성을 광해군 때 보수하고 효종 9년1658에 설치했다. 길을 따라가니 신미양요 순국 무명용사비와 쌍충비각이 나란히 서 있다. 이곳은 신미양요 때 가장 치열했던 격전지로 미국 로저스가 아세아 함대를 이끌고 1,230명의 병력으로 침략했다. 당시 조선군 어재연 장군은 전 용사와 함께 장렬히 순국했다.

1866년 제너럴셔먼호가 강화도에서 불에 태워지는 사건이 일어났다. 미국인 3명을 포함해 선원 24명이 죽었다. 그 후 1871년 미국은 이 사건을 빌미로 조선을 개항하라며 강화도를 공격해왔다. 이때 초지진 덕진진 광성보가 차례로 함락되었다.

미국 해군의 철선과 함포에 조선의 화포는 중과부적이었다. 그러나 어재연 장군은 장병들과 결사 항전으로 맞섰다. 조선군은 항복이란 없었다. 화약이 떨어지면 돌과 흙으로 대항하다 육탄전으로 모두가 순국했다. 이 전투에서 미군의 전사자는 3명인데 조선군은 352명이 전사했다. 전투가 끝난 후 가족들이 그 시신을 수습하고 남은 무덤 일곱 기는 지금까지 남아있다. 쌍충비각은 어재연 장군과 동생 어재순의 순절비이다.

용두돈대는 바닷길로 향해 기다란 축성으로 세워져 있다. 이곳의 강여울이 손돌목이다. 이 해협의 물살은 가장 세지만 강화로 건너올 수 있는 유일한 나루터였다. 조선시대 후금이 쳐들어왔을 때 임금은 강화도로 피난길에 올랐다. 강을 건너는데 뱃사공 손돌의 배는 자꾸만 소용돌이로 들어갔다. 급한 물살에 배가 뒤집힐 것 같아지자 임금은 뱃사공이 자신을 죽이려 한다고 목을 베라고 했다. 손돌은 죽기 전에 자신이 띄워놓은 바가지를 따라 배를 몰고 가라고 했다. 임금의 명에 따라 손돌의 목을 쳤고 임금이 탄 배는 손돌이 일러준 대로 바가지를 따라 무사히 강을 건넜다. 임금은 잘못을 인정하고 후하게 장사지내 주었다. 그 후 사람들은 이곳을 손돌목이라 했다.

용두돈대 끝에서 손돌목을 바라본다. 손돌목 염하강은 오늘도 쉼 없이 소용돌이를 치며 흐른다. 소용돌이 속으로 수많은 얼굴이 떠오른다. 강화도는 천혜의 요새이다. 하지만 누가 지키냐에 따라 이곳은 요새가 되기도 했지만 지키는 자가 허술할 때는 쉽게 무너지는 덫이기도 하였다. 최강의 몽골군도 39년 동안 고려 병사가 지키는 이곳을 넘어오지 못했지만 조선 병사들은 청나라 군대와 서양의 함대 앞에서 속수무책이었다. 강화도는 결코 난리를 피해 도망갈 수 있는 땅이 아니었다. 나라를 지킬 수 있는 길은 무엇보다 나라가 힘이 있어야 가능한 일이지 나라가 힘을 잃으면 그 어디에 숨더라도 소용없다는 것을 이 섬은 말해주고 있다.

'임금이 임금답고, 신하는 신하답고, 백성은 백성다워야 나라는 지킬 수 있는 것이여.'

지금 우리 대한민국은 어떠한가. 멀리 손돌목 염하강 갯벌에 핀 붉은 갱징이풀 위로 백로 한 마리가 유유히 날고 있다.

—우리은행동우회 문화답사 (2022. 9. 28.)

글 속의 그림

―김훈 특강 「무여 문봉선, 왕희지를 만나다」

　장자의 '소요유逍遙遊'*가 춤을 춘다. 초서로 써 내려간 소요유 전문이 강연장 벽면을 가득 채웠다. 소요유는 2500년 전 장자가 쓴 글로 곤鯤이라는 물고기가 붕새鵬가 되는 이야기이다. 무여 문봉선 화백은 50년 동안 서예의 길을 걸어 온 중진 서예가이다. 그는 '왕희지를 만나' 서화 동원書畫同源을 완성했다. 강연장은 소요유 앞에 차려졌다.
　강연은 미술평론가 손철주 선생의 사회로 진행되었다. 그는 글씨와 그림의 상관성을 말했다. 전한 시대의 남궁은 "글씨는 마음의 그림이다."라고 했다. 그림을 그리는 사람은 서도書道의 필법을 알아야 하고 글씨를 쓰는 사람은 화도畫道의 묵법을 알아야 한다고 했다. "무여 문봉선이야말로 이 말에 적합한 인물이다."라고 했다.
　김훈 선생을 <무여 문봉선 서화 전시회>의 초청 강사로 모신 이유를 "김훈 선생은 우리 시대 예스러운 문장가라는 호칭

이 어울리는 작가"이기 때문이라고 했다. 김훈의 『칼의 노래』, 『남한산성』, 『흑산』 그리고 최근의 『하얼빈』 등은 이를 잘 말해 주고 있다.

　김훈은 산문집 『연필로 쓰기』에서 "나는 연필로 글을 쓸 때 내 몸이 문장을 밀고 나가는 느낌을 받는다. 이 느낌을 가지지 않고서는 한 자도 쓸 수 없다."라 했다.

　오늘 특강의 주제인 「글 속의 그림」은 김훈의 글에서도 느낄 수 있으며, 모든 문인이 글을 쓰면서 그 글이 문장에서 이미지를 빚어낼 수 있는가, 글은 그림이 될 수가 있는가에 대한 물음에 김훈 선생의 강의에서 그 해답을 찾을 수 있을 것이다.

　김훈 선생은 까만 모자를 쓰고 나타났다. 자신의 마스코트와도 같은 등산용 모자에 가방을 메고 있었다. 그는 자리에 앉자마자 가방 속에서 한 아름의 자료를 책상 위에 수북이 올려놓았다. 붉은 얼굴에 훤칠한 키가 돋보였다. 선생은 자리에서 일어나 하얀 강의 칠판에 무언가를 쓰기 시작했다.

　열치매 나타난 달이 흰 구름을 쫓아가는구나

　"글 속에 그림이 어떻게 있는지를 이야기하려고 합니다. 이 문장은 신라 향가 <찬기파랑가>의 첫 문장입니다."
　달이 구름 속에 가려져 있다가 구름이 확 열쳐지는 순간에

글 속의 그림　217

달이 나타나 흰 구름을 쫓아간다. 이 향가는 1400년 전 신라 경덕왕 때 신라 사람들이 부른 노래다. 충담 스님이 지은 이 노래는 임금인 충덕왕 뿐만 아니라 백성들이 불렀다. 이 향가는 화랑 기파랑을 찬양하는 노래이다.

열치매 나타난 달이 흰 구름을 쫓아가는구나.

"이 문장은 달이 구름을 벗어나는 순간 천지가 개벽하는 것처럼 세상이 환해지며 달이 흰 구름을 쫓아가는 그 순간을 아주 거대한 동영상으로 보여주는 모습입니다. 달이 구름을 쫓아간 게 아니고 구름이 흘러간 것이죠. 그러나 그것이 개벽하는 순간에 그렇게 느껴진 것이죠. 이 세상이 개벽한 것처럼 밝아지면서 달이 나타나 흰 구름을 쫓아가는 모습이 보였던 것입니다."

기파랑은 신라의 화랑으로 그는 얼굴도 잘생기고 무술 실력과 고매한 인품으로 모두가 선망했다. <기파랑가>는 경덕왕 742~765 때 승려 충담사忠談師가 지은 노래이다.

"이 글 속에서 그림을 작동시키는 것은 '매에'라는 조사인데 한국어는 조사에 의해 작동되는 언어입니다. '에'는 문법적으로는 허술하지만, 그것이 행사하는 역할은 서양 언어에서는 찾을 수 없고 한자에서도 찾아볼 수가 없는 한글에만 있는 것입니다."

이제 눈 나리고/ 매화 향기 홀로 아득하니/ 내 여기 가난한 노래의 씨를 뿌려라

이육사의 시 「광야」는 혁명가의 노래이다.
아무도 모르는 무원無援의 상태에서 절대 외로운 인간의 고독한 심상心想을 나타낸 것이다. 이 문장이 가지고 있는 힘은 '이제' '홀로' '여기'에 있다. '이제'는 '홀로' 고립무원孤立無援의 상태에서 고독한 자신을 말한다. '여기' 혁명의 자리는 바로 이곳이다. 이 세 부사가 아주 심플하게 한 문장에 한 개씩 박혀서 이 글의 위력을 형성하며 어떤 그림을 나타내고 있다.
"이 그림은 우리가 흔히 볼 수 있는 그림이 아니고 인간의 마음속에 떠오르는 그림, 즉 심상心想입니다. 마음속 혁명가의 내면 모습을 보이는 것입니다. 매화 향기는 멀리서 풍기는 암향暗香입니다. 그윽한 매화를 바라보면서 여기에서 혁명의 씨를 뿌리겠다며 거대한 그림을 보여주는 것입니다."

산에는 꽃 피네 꽃이 피네 갈 봄 여름 없이 꽃이 피네/ 산에 산에 피는 꽃은 저만치 혼자서 피어 있네/ 산에서 우는 작은 새여 꽃이 좋아 산에서 사노라네/ 산에는 꽃이 지네 갈 봄 여름 없이 꽃이 지네//

「산유화」는 소월이 아니면 쓸 수 없는 시이다.
이 시에는 명사가 셋 나온다. '산' '꽃' '새', 이 가장 단순한

글자를 동사 '피네' '우네' '사네' '지네'를 만나 이렇게 풍만한 사계의 모습을 드러내고 있다. 이 동사들은 모두 자동사이다. 자동사는 형용사처럼 동작보다는 상태를 나타낸다.

"이 시는 자연 속에서 한 인간의 외로운 모습을 표현하고 있습니다. 작은 문자 몇 개를 가지고 이러한 그림을 보여주고 있는 것입니다."

"저는 문봉선 화백의 글씨를 볼 때마다 저 글자 안에 들어 있는 어떤 리듬과 율동 그리고 살아 있는 인간의 몸, 이런 것을 느낄 수 있었습니다. 그 느낌을 말해 보겠습니다. 이것은 그림과도 연관되어 있듯이…."

한자는 의미에 맞는 글자이다. 형상을 그린 것이다. 한자는 글자 하나하나에 서사 구조를 나타낸다. 즉 이야기가 들어 있는 것이다. 따라서 한자는 글씨를 쓸 뿐만 아니라 글을 짓는 것이다.

"내가 쓰는 원고는 글씨를 쓰는 것이 아니고 출판사의 한 사람이 알아보라고 쓰는 글이에요. 그것은 글씨라 할 수 없어요. 그러나 문봉선 화백이 쓰는 글씨는 글을 포함하는 것이지요. 내가 놀라는 것은 문 화백의 창작은 엄청난 에너지와 점점 완숙의 경지를 나타내고 있습니다. 나는 서예를 잘 몰라 놀라운 눈으로 '저런 세계도 있구나.' 하는 느낌으로 바라볼 뿐입니다."

 붓을 들고 점을 찍을 때 붓이 들어갈 때의 힘과 나올 때의 힘은 다르다. 이것은 물이 아니면 할 수 없다. 기름으로는 불가능하다. 기름은 화려한 색채는 드러낼 수 있지만 획의 느낌은 불가능하다는 것을 알 수 있다. 문봉선 화백은 이러한 사실을 혼자 깨달았고 이를 쉼 없이 반복하고 뼈를 깎는 경험이 누적되어 이런 가치를 표현했다.

 "어제는 이 자리에서 무용 공연이 있었다 합니다. 여기 초서로 쓴 장자의 소요유를 보고 온몸으로 표현한 퍼포먼스를 보였는데 김바리 무용가였다고 합니다. 초서는 살아있는 인간의 몸은 생의 기운과 관련이 있다는 것입니다. 김바리 무용가가 이 초서를 보고 영감을 얻어 춤을 추었듯이 초서는 살아있는 인간의 심상心想을 나타낸 것이라고 합니다."

 초서는 글자의 크기를 자유롭게 할 수 있고, 글자를 이어서 빨리 쓸 수 있는 장점이 있는 서법의 백미라 할 수 있다. 하지만 한 점 한 획이 정확하지 않으면 읽을 수 없으므로 자형을 숙지해야 한다. '급할 때는 말이 달리듯 붓을 움직이고 느릴 때는 달팽이가 기어가듯' 한없이 여유롭게 마치 나뭇잎이 떨어져 물결과 하나 되어 흐르듯이 써내려 가야 한다.

 "나는 한글도 초서처럼 쓸 수가 없을까 해서 쓴 글이 있습니다. 말 달리듯이 한글 문장을 쓴 글은 『칼의 노래』에서 기아의 비참한 대목에서 쓴 '끼니'라는 문장입니다. 굶어서 죽어가는 때를 나는 말 달리듯이 썼던 것입니다."

"끼니는 어김없이 돌아왔다. 지나간 모든 끼니는 닥쳐올 단 한 끼니 앞에서 무효였다. 먹은 끼니나 먹지 못한 끼니나, 지나간 끼니는 닥쳐올 끼니를 해결할 수 없었다. 끼니는 시간과도 같았다. 무수한 끼니들이 대열을 지어 다가오고 다가왔다. 지나간 모든 끼니들은 단절되어 있었다. 굶더라도, 다가오는 끼니를 피할 수는 없었다. 끼니는 파도처럼 정확하고 쉴 새 없이 밀어닥쳤다. 끼니는 건너뛰어 앞당길 수도 없었고 옆으로 제쳐 낼 수도 없었다. 끼니는 새로운 시간의 밀물로 달려드는 것이어서 사람이 거기에 개입할 수 없었다. 먹든 굶든 간에, 다만 속수무책의 몸을 내맡길 뿐이었다. 끼니는 칼로 베이지 않았고 총포로 조준되지 않았다."

김훈 선생은 원고 뭉치를 꺼내어 '말달리듯이' 끼니라는 말을 가지고 쉴 새 없이 읽어나갔다.

"초서는 그림입니다. 내가 쓴 글은 글씨 자체로 형상이고 다만 인간의 심상心想을 나타낼 뿐입니다."

김훈 선생은 아름다운 풍경을 묘사하는 글을 쓸 때는 뒤에 카메라를 놓고 위에서 아래로 내려다보는 각도에서 풍경을 묘사한다고 했다. 멀리서부터 가까이 높은 데서부터 낮은 곳으로 가며 글을 묘사하는데 이것은 독자의 마음속에서 심상心想을 만들어지게 하는 것으로 독자의 마음속에 그림이 만들어질 수 있도록 글을 쓴다. 글을 쓰지 않았으면 화가가 되었을 것이라 했다. 그는 글을 쓸 때는 형용사는 사용하지 않는다. 형용사는 꾸미는 말로 자연에는 없는 말이라 했다.

"형용사를 만나면 형용사를 죽이고 부사를 만나면 부사를 죽이라."

김훈 선생은 서예와 같이 높은 정신의 세계가 인간의 당면한 문제를 감당하고 해결할 수 있는 것인가. 또 하나 우리 시대의 SNS가 모순덩이의 인간들에게 생각의 파편破片들에 갇히게 하는 시대에, 서예와 같은 예술이 우리 정신의 뿌리로 버틸 수 있을까를 생각해 본다라며 강의를 마무리했다.

손철주 사회자는 "오늘 강연의 핵심은 '열치매'의 천지개벽의 모습을 만들어 내는 가장 중요한 글자가 '에'라는 처소격 조사라는 거죠. 이 조사 하나가 어떤 문장을 만들고 그 문장이 어떤 이미지를 나타내는가를 말씀해 주었습니다. 이 전시회에는 천자문이 초서로 쓰여있습니다. 이 천자문의 첫 문장인 '천지현황天地玄黃 우주홍왕宇宙洪荒'은 이 우주가 천지로부터 시작해서, 마지막 문장인 '위어조자謂語助字 언재호야焉哉乎也'로 끝나는데, 언제호야는 인간의 말을 만들어 주는 조사 네 가지입니다. 오늘 김훈 선생 강연의 주제인 '글 속의 그림'에서 이 조사의 역할을 잘 보여주었습니다."

강연에 이은 질문의 답변으로, 김훈 선생은 초서는 읽기 힘들 뿐만 아니라 간단하게 배울 수는 없지만 한자는 반드시 알아야 한다. 우리 한글이 우수한 것은 사실이지만 우리가 쓰는 말은 거의 한자로 되어 있다. 한자를 알지 못하면 세상을 정확하게 이해할 수 없다. 따라서 우리는 한자를 공부해야 한다고 말했다.

또한 『칼의 노래』에서 나온 첫 문장 "버려진 섬마다 꽃이 피었다."에서 "꽃이 피었다는 것과 꽃은 피었다."를 고민하였다. 이것은 하늘과 땅의 차이가 있는 것으로 "꽃이 피었다."는 내가 객관적으로 생각하는 것, 내가 개입하지 않는 것, 내가 빠져 있는 것으로 카메라가 내 뒤에 멀리 있는 것이다. '꽃은 피었다'라는 주관적인 생각이 들어가는 것이라고 했다..

"하얼빈을 쓸 때 안중근이 총을 맞고 '이토는 죽었다.'라고 썼더니 다음 문장으로 나아가지 않았어요. 그래서 고민 끝에 '이토는 곧 죽었다.'라고 고쳤는데 엄청난 차이가 느껴져 그렇게 고쳤어요."

"이곳 전시장 1층에는 손과정이 초서로 쓴 서보書譜를 임서臨書한 작품이 있습니다. 손과정이 쓴 서보는 왕희지를 서성書聖으로 흠모하며 쓴 글인데 이 글의 키워드로 '인서구로人書俱老'라는 말이 있어요. 이 말은 '사람과 글이 함께 늙어간다.'라는 뜻입니다. 봉은사에 있는 추사 김정희의 절필작인 <판전板展>를 보면 이 말의 뜻을 알 수 있습니다. 오늘 김훈 선생의 '글 속의 그림' 강연을 전하는 내용뿐 아니라 김훈 선생의 모습에서 저는 '인서구로人書俱老'라는 글과 사람이 늙어가는 모습을 보았습니다. 여러분은 무엇을 보셨나요."

나는 김훈 선생의 강연과 문봉선 화백의 전시회를 보고 느끼는 감정은 두 분은 人書俱老의 차원을 넘은 '문선文仙'의 경지에 이른 분이 아닌가 하는 느낌을 받았다.

문봉선 화백의 초서 작품 소요유逍遙遊를 보며 그가 말한 "요즈음은 우연욕서偶然欲書란 말처럼 서흥書興이 일어난다. 이때를 기하여 마치 솔개가 급강하해서 토끼를 덮치듯이 찰나의 법열法悅을 만끽하는 순간을 은근히 기다리기도 한다."라는 말이 다가왔다. 이 작품은 완숙의 경지에서 종횡무진縱橫無盡으로 쓴 초서의 필력을 마음껏 보여주었다.

김훈 선생 역시 문장의 대가로서 '끼니'를 초서처럼 쉴 새 없이 말 달리듯이 썼다. 나는 선생의 강의를 통하여 '이순신'의 모습을 보았다.

 文仙이라는 말이 있는지는 모른다. 하지만 文이란 문장과 글씨를 아우르는 말이고, 仙이란 신선으로 자기 분야의 최고봉을 이룬 사람을 일컫는 말이다. 그런 의미에서 나는 감히 두 분을 文仙이라고 부르고 싶다.

(2024. 3. 26.)

 *소요유 : 「소요유」는 중국의 『장자』의 내 편 제1편이다. 「소요유」는 '붕새'의 이야기를 통해 인간의 한계를 넘어서는 자유로움을 설명하고 있다. '붕새'는 하늘을 날며, 그 날개로 하늘을 덮고, 그 꼬리로 바다를 감싸며, 천 년을 살아도 늙지 않고, 천리를 날아도 지치지 않는다고 한다.
 *장자 : 기원전 4세기의 중국의 도가 철학자. 장자(莊子, 기원전 369년(?)-기원전 286년)는 중국 전국 시대 송(宋)나라 출신의 제자백가 중 도가(道家)의 대표적인 인물이다.
 *찬기파랑가 : <찬기파랑가>는 신라시대의 향가로, 기파랑(耆婆郎)이라는 화랑이 그의 사랑을 그리며 부른 노래이다.
 *인서구로 : 人書俱老는 "사람도 글도 나이를 든다."는 말이다. 사람이 나이를 먹듯이 글씨도 나이를 먹는다는 뜻이다.

다혜가 그린 할아버지 할머니 그림

5.
이 한 권의 책

　나는 은퇴 후 여러 공부를 해보았지만 글쓰기만큼 메마른 감성을 회복시켜 주지는 못하였다. 그러나 글쓰기 공부는 달랐다. 마음을 열고 글을 써보면 더욱 깊은 사유와 진솔한 고백을 하게 되고 메말라 있던 감성도 회복되는 것 같다. 이것이 종심의 나이이지만 내가 수필을 공부하는 이유이기도 하다.

그리움

—최원현의 『누름돌』을 읽고

최원현의 수필은 그리움이다.

그의 글을 읽고 있으면 눈물 한 방울 뚝 떨어지게 하는 감동을 받는다. 내 마음속 응어리가 풀어지는 듯하다. 왠지 모르게 마음이 짠해지며 그 여운이 길게 남는다.

그는 30년 동안 문학을 하면서 많은 책을 펴냈다. 그중에서도 범우문고의 『누름돌』 수필선집을 대견해 한다. 자신의 향기가 나는 작품으로 애착이 많이 가는 수필 30편을 실었다고 했다. 그는 "수필과 함께 살아온 세월이 30년을 넘었다. 어쩌면 내 삶에서 가장 잘한 선택이 수필과 함께한 것이라고 해야 할 것 같다. 문학 곧 수필이 아니었다면 지금의 나로 존재할 수 없었을지도 모른다."라고 말하고 있다.

「종소리」

"대엥, 대애애엥." 종소리는 신기하게도 십 리가 넘을 우리 집까지도 들려왔다. 교회와 우리 집이 모두 조금 높은 곳에 위치했다. 하더라도 우리 집까지 오는 데는 동산도 두 개나 있건만 수요일 저녁만 되면 종소리는 어김없이 우리 집에까지 들려왔다. 할머니는 먼 어두운 밤길을 다녀올 수도 없기에 종소리를 들으면 하던 일을 멈추고 기도하시곤 했다.

작가는 어려서 부모님을 여의고 외가에서 자랐다. 외할머니는 큰딸을 잃고 유일한 피붙이를 키웠다. 눈시울이 하루도 마를 날이 없었다. 그런 할머니는 평생을 외손주만 바라보며 사셨다. 막내이모가 그를 업어 키웠다. 이모는 어머니에 대한 마지막 끈이 되어 주었다. 그런 이모도 할머니처럼 치매로 고생하다 돌아가셨다.

막내 이모의 부고를 받고 달려간 작가는 빈소에서 어린 날 들었던 교회당 종소리를 들었다. 옛날 할머니와 이야기하듯 이모의 목소리가 들려왔다. '잘 사냐.' '잘 살아라.'는 두 분의 한결같은 물음이고 축복이고 소원이었다. 은은한 종소리는 긴 여운으로 그의 가슴속을 울리면서 들려오는 듯했다.

소라색 한복 저고리를 입고 고운 미소로 나를 보던 이모님, 수요일 저녁이면 들려오던 종소리에 손 모으고 나를 위해 기도하던 할머니, 행동거지 하나하나 조심하라며 가르침 주시던 할아버지, 지금 생각하면 그 모든 게 다 나를 바로 세워주던 종소리였다.

교회당의 저녁 종소리처럼 여운이 길게 남는 글이다. 이젠 모두 떠나간 자신의 의지처였던 어른들을 추억하며 그는 종소리의 의미를 되새기고 있다. 그의 글에는 아련한 정취가 느껴진다. 밀레의 만종을 보고 있는 듯하다.

「누름돌」

강원도 정선엘 갔을 때를 회상한 글이다. 다들 수석을 한다고 야단들인데 작가의 눈에는 그저 돌 뿐이었다. 문득 어린 날 할머니 생각이 났다. 할머니는 한 해에 한 번쯤은 냇가에 나가 둥글납작한 돌멩이 한두 개씩 주워 오셨다. 누름돌이라 했다.

누름돌은 모나지 않게 반들반들 잘 깎인 돌이어야 한다. 그걸 깨끗이 씻어 김치 수북한 김칫독에 올려놓으면 그 무게로 아주 서서히 내리누르며 숨을 죽여 김치 맛이 나게 해주는 돌이다. 그런가 하면 조금 작은 것은 때로 밭에서 돌아와 저녁을 지을 때 돌확에 담긴 보리쌀을 쓱쓱 싹싹 갈아내는 돌이기도 했다. 그래서일까. 그 돌은 어두운 부엌에서도 금방 알아볼 만큼 빛이 났다.

누름돌의 용도를 알고부터는 학교에서 돌아오다 냇가에 들러 그런 돌을 주워다 할머니께 갖다 드렸다. 그런 어린 날이 생각나 정선 냇가에서 누름돌로 쓸 만한 것을 찾아보았다. 그건 할머니에 대한 그리움일 수도 있겠지만 내 삶에도 그런 누름돌이 필요하다는 생각이 들어서였다.

요즘 내게 부쩍 그런 누름돌이나 돌확용 돌이 하나쯤 있었음 싶다는 생각이 들곤 한다. 뭔가 모를 것들에 그냥 마음이 들떠있고 바람 부는 대로 휘둘리는 키 큰 풀잎처럼 좀처럼 내 마음을 안정시키기가 어렵다. 이럴 때 그런 누름돌 하나 가져다 독 안의 김치 꾹 눌러주듯 내 마음도 눌러주었으면 싶다. 거친 내 마음을 돌확에 넣고 쉭쉭 갈아주었으면 좋겠다.

그는 어린 날 할머니를 그리워하며 정선에서 누름돌 하나를 주워왔다. 요즘은 필요성이 그다지 없어 하릴없이 베란다 바닥에 놓여있다. 아내 몰래 깨끗이 씻어 항아리 뚜껑에 올려놓고 자신의 삶의 누름돌로 사용해야겠다고 다짐한다. 그의 마음 씀씀이가 보이는 글이다. 수필은 그 사람의 인품을 나타낸다. 아내가 미안해할까 봐 몰래 누름돌을 씻겠다는 작가의 세심한 마음이 엿보인다.

「그리움 열기」

작은아이가 열세 살인데 우리 집엔 열세 살짜리가 또 하나 있다. 아이가 두 백일쯤 됐을 무렵, 시골 계시는 외할머니께서 녀석을 위해 마련해 보내신 선물이다. 닷새에 한 번씩 서는 시골 장에서나 어쩌다 봄 직한 네 발짜리 까만색 개다리소반이었다.

할머니가 어린 증손자가 넘어지지 말라고 사준 개다리소반이다. 13년 동안 사용하면서 일어난 일들을 통해 할머니에 대한 그리움을 열고 있다. 작가가 살아오면서 허름한 이 개다리소반은 가장 요긴한 물건이 되었다고 한다.

우리 집의 개다리소반은 이젠 돌아가신 지 여러 해 되신 내 외할머니의 유품이 되어 그리움의 창이 된다. 어쩌면 할머니께서는 이 볼품없는 개다리소반을 통해 늘 가까이서 나와 나의 아이들에게 남아 있고 싶으셨는지도 모른다. 사랑은 이렇게 밤새 촉촉하게 내리는 이슬처럼 가슴에 남는 것인가 보다.

최원현은 그리움의 작가이다. 그의 글을 읽고 있으면 먼 옛날이 그리워진다. 그는 평범한 일상에서 지나쳐 버릴 수 있는 추억을 그리움으로 열고 있다.

「어머니의 눈」
나이가 들어가면서 커지는 그리움이 있다. 불혹의 나이를 넘기고도 홀로 설 수 있는 능력조차 없어서인가. 해마다 가을빛이 짙어 가면 그리움은 더욱 심해진다.

외가의 선산에 홀로 계신 어머니를 아버지 곁으로 이장하면서 쓴 글이다. 얼굴조차 기억하지 못하게 돌아가신 어머니에 대한 애틋한 그리움. 어머니에 대한 오직 하나의 기억은 단조롭지만 절대 잊을 수 없는 장면이 있다.

하늘이 유난히도 맑았던 어느 날, 이모의 등에 업혀 마루에서 마당을 바라보았을 때 하얀 꽃가마가 막 들어오고 있었다. 해 으름에 부시도록 하얀 꽃에 휩싸여 들어오던 상여, 그 상여의 꽃을 따 달라고 했었던 것 같은 것이 내 기억의 전부다.

아버지가 돌아가신 후 몸져누우신 어머니는 자식에게 좋지 못한 일이 생길지 모른다고 가까이 오지 못하게 했다. 그런 어머니에 대한 그리움은 두 분이 남긴 한 장의 사진 속에서 작가를 바라본다. 사진 속 어머니는 낯설지 않은 모습이다.

어머니의 눈은 수많은 말을 하고 있었다…. 살아온 내 삶을 향해 끊임없이 격려하고 위로하고 치하하며 조심스레 지켜보고 계셨을 것 같은 어머니의 눈, 나를 이 나이까지 보이지 않는 그리움에 애태우게 하던 기억의 샘인 어머니의 눈이 사진 속에서 따스한 웃음으로 나를 지켜보고 있다.

어머니에 대한 슬픈 사모곡이다. 희미한 기억이지만 그의 가슴속 어머니는 흘러가는 물소리였고, 대숲을 흔드는 바람 소리를 내었고, 달빛 그림자로 따라오며 떠나지 않았다

이 밖에도 『누름돌』에는 「책방 나들이」, 「고자 바리」, 「발뒤꿈치」, 「무명 기저귀」 어떤 이별'등이 감명 깊은 글이었다. 그의 글에는 정취가 있다. 애절한 감정이나 고운 서정을 담담한 문장으로 써 나간다. 그리고 그의 글은 솔직하다. 심장에서 우러나는 말과 가슴속 깊이 묻어둔 응어리를 진솔하게 풀어내고 있다. 그래서 그의 글은 슬프지만 아름답다.

백철은 문학도 하나의 예술이라고 했다. 감명 깊게 그림을 보거나 감동 있는 글을 읽으면 잃어버린 감성을 찾을 수 있으므로 우리는 예술을 귀하게 여기는 것이다. 윤오영은 수필이란 붓 가는 데로 자유롭게 쓰는 품격 있는 선비의 글이라고 했다. 수필은 아름다운 생활의 철학을 담고 있어야 하며, 이를 읽는 사람이 삶의 진실과 아름다움을 발견하지 못하면 훌륭한 수필이 될 수 없다고 한다. 또한, 수필은 인생의 낙수이다. 평범한 생활 속에 묻혀 아무도 발견하지 못한 것을 찾으면 참신한 수필이 될 수 있다고 했다.

최원현의 수필은 진실되고 아름답다. 그가 겪었던 인생의 경험을 그리움의 철학으로 승화시킨다. 그의 수필을 읽고 있으면 응어리졌든 마음이 풀어지고 잃어버린 감성도 찾게 한다.
그의 수필선집 「누름돌」은 그가 겪었던 일들이 비 갠 여름날의 수채화를 보는 듯 맑고 깨끗하게 다가온다. 그리고 고요하고 따뜻한 정서를 느낀다. 그리고 애틋한 그리움에 눈물 한 방울 뚝 떨어지게 한다. 또한, 그의 수필이 던지는 메시지는 잔잔하게 오랫동안 가슴에 와 닿는다. 그래서 그의 수필은 훌륭하고 참신하다.

나는 은퇴 후 여러 공부를 해보았지만 메마른 감성을 회복시켜 주지는 못하였다. 그러나 글쓰기 공부는 달랐다. 마음을 열고 글을 써보면 더욱 깊은 사유와 진솔한 고백을 하게 되고 메말라 있던 감성도 회복되는 것 같다. 이것이 종심의 나이이지만 내가 수필을 공부하는 이유이기도 하다.

나도 최원현처럼 그리움의 수필을 써 보고 싶다.

(2019. 『한국수필』 12월호. 독서문학상 최우수상)

금병산 문학의 뜰

 금병산 자락 작가의 뜰에는 가을꽃이 소담하게 피었다. '전상국 문학의 뜰' 입간판과 함께 세워놓은 황토로 빚은 두 개의 조형물에는 수많은 얼굴들이 무언가를 소리치며 외치는 듯하다.
 노老 교수는 "이름을 아는 순간 비로소 그것이 존재한다.' '자연 속에서 나를 찾다."라고 쓴 팻말을 가리키며 이곳에다 자신이 쓴 작품보다 더 많은 나무를 심었다고 한다. 이 나무들과 함께 살면서 자신의 문학관을 세웠다.
 3층으로 된 문학관을 들어서니 '책곳간'이 나온다. 원형으로 된 이곳에는 책들로 빼곡하다. 열 칸이 넘는 책장에는 장르별로 책들이 분류되어 있다. 책장 아래에 나무 계단을 만들어 놓아 독자가 바로 책을 뽑아 읽을 수 있게끔 했다.
 "평생을 소중하게 모은 책들을 차마 버리지 못해 이곳에다 책 곳간을 만들었어요. 한국 문학사에 이름이 올라 있는 이 시대의 작가·시인들이 남긴 책들을 누구라도 와 서 읽을 수 있도록 하는 게 제 꿈이었어요."

한쪽에 별도로 세워둔 책장에는 귀중한 초간본들이 가지런히 진열되어 있다. '전상국 전시관'으로 내려가니 벽면에는 작가의 좌우명과 평생 작가의 소설 제목을 쓴 표구가 걸려 있었다. "물은 스스로 길을 낸다."라고 쓴 표구 작품은 작가의 좌우명이리라. 전시관은 그다지 크지 않지만, 작가의 생애를 한눈에 볼 수 있게 꾸며져 있다. 그는 1963년 『조선일보』 신춘문예에 단편소설 「동행」의 당선으로 등단했다. 60여 년 동안 1백 편의 중·단편 소설과 장편 소설 네 편, 5백여 편의 콩트와 수필들을 발표했다.

그가 문학에 꿈을 둔 것은 춘천고 2학년 시절이었다. 문예반에 들어가 문학의 꿈을 불살랐지만, 지도교사로부터 어휘력과 문장력이 부족하다는 질책을 받았다. 그는 울면서 소양강 강가를 걸었다. 공지천 뱀산에 핀 진달래꽃을 보고는 꽃이 너무 아름다워서 또 울며 다짐했던 문학의 꿈을 『조선일보』 신춘문예에 당선하면서 이루었다. 당시 지적을 해준 이희철 선생으로부터 받은 축하 서신은 지금껏 보관하고 있다.

중편소설 『아베의 가족』은 베스트셀러가 되어 특집극으로 방영되었다. 그 대본들과 포스터도 전시하고 있다. 최불암, 김혜자가 출연한 MBC TV 6·25 특집방송으로 1980년 6월 25일부터 3일간 방영되었다. 『아베의 가족』은 그의 대표작이 되었으며 '전상국 서재'의 현판으로 걸려 있다. 또한 「우상의 눈물」은 1981년 임권택 감독이 영화로 만들었다.

『아베의 가족』은 1980년 대한민국 문학상을 받았고 『우리들의 날개』는 제14회 동인문학상을 수상했다. 그 밖에도 현대문학상, 한국문학 작가상, 윤동주문학상, 김유정문학상 등 많은 문학상을 받았다. 2005년 황조근정훈장과 2015년에는 보관문화훈장도 받았다.

전시관에는 작가가 사용했던 공병우 타자기를 비롯해 워드프로세서, 각종 명함과 편지모음, 봉급명세서, 학생증, 공무원증, 교수 임명장 등 삶의 흔적들을 소중하게 보관했다.

전상국은 자신이 살아온 문학의 길에서 만난 스승과 글벗들을 소중하게 생각했다. 황순원은 문학의 꿈을 이루기 위한 큰 바위 얼굴이었고, 조병화는 시골 교사이던 그를 서울로 불러 소설 쓰기의 즐거움을 찾아주었다. 서정범은 그가 문학의 뿌리를 내릴 수 있도록 해 주었다. 이희철은 그의 부족함을 일찍이 일깨워준 스승이었다.

전상국은 학교에서는 자기 절제의 슬기를 가르치는 자상하면서도 엄격한 스승이요, 집에서는 낮은 목소리의 모범 가장이었고, 문단에서는 강인한 생명력을 가진 선인장 같은 준열한 문학정신을 가진 모범적인 작가였다.

전시관을 나오니 보라색 벌개미취가 정원 가득 피어 가을의 정취를 더한다. 노교수는 그의 서재인 '아베의 가족' 사랑채로 우리를 초대해 한국수필 신인 작가들을 위한 글쓰기 강연을 했다.
　그는 평생을 글쓰기를 하면서 살기를 잘했다고 서두를 꺼내었다. 춘천에서 살면서 문학에 관한 이야기를 많이 했다. 그중에도 '강원수필문학회' 모임에는 빠지지 않고 나간다. 오늘 함께 자리한 유연선 선생과는 학창 시절 문예활동을 함께한 지기란다. 어린 시절 고향 홍천에서는 책이 없어 항상 책을 빌려다 보았다.

　글을 쓰려면 문학이라는 예술가로서의 그릇을 갖추고 그에 맞는 내용과 표현을 해야 한다. 글을 새로운 것만 찾으려고 하는데 그보다 누구도 생각하지 못한 것을 찾아내야 한다. 내 나름대로 독특한 표현을 해야 한다. 표현에도 정직성을 가지고 수사법과 비유법을 써서 낯설게 해야 한다. 또한 글을 쓸 때는 너무 직설적으로 하지 말고 시치미 떼기, 능청 떠는 말을 비유적으로 해야 한다. 설명하지 말고 묘사를 해야 한다. 눈에 보이는 것처럼, 만져지는 것처럼 써야 한다. 감추고 비유하고 시치미 떼며 한마디 툭 던질 수 있어야 한다.
　내가 쓰는 수필이 문학이라는 예술이라는 생각을 해야 한다. 반발해서는 안 된다. 지적을 못 받아들이고 떨어지지 않으려고만 해서는 안 된다. 떨어져야 할 때는 떨어져야 한다. 바닥까지 떨어져야 비로소 출구를 찾게 된다. 어떤 작가나 문인들도 이러한 과정을 거친다. 출구를 찾았을 때 비로소 확연히 달라진다.

수필가로서의 자신감을 가져야 한다. 내가 쓴 작품이 얼마나 창의적이냐에 따라서 신명이 난다. 한문 투로만 쓰면 경직되고 굳어진다. 새로움과 낯선 글을 써야 한다. 내생각, 표현력, 상상력이 나아지는 데는 오랜 시간이 걸린다.

나는 부족한 부분을 감추기 위해 노력했다. 남이 쓴 좋은 문장을 써보기도 하며 낱말을 찾아보고 문장의 주술 관계를 수없이 따져도 보았다. 글쓰기는 메시지만 생각해서는 안 된다. 표현만 잘하면 메시지는 감추면서도 얼마든지 보여 줄 수도 있다. 문학을 한다는 걸 잊어서는 안 되며 즐거운 마음으로 해야 한다. 자신이 예술을 한다는 생각을 해서는 안 된다. 장인정신을 가져야 한다.

평생을 문학을 하면서 때로는 좌절하기도 했고 누구보다 절치부심했으며 베스트셀러 작가로서 이름도 날렸다. 김유정 문학촌 촌장을 하면서 많은 사람에게 문학을 알렸다. 평생을 바쳐 일구었던 흔적들을 쓰레기로 버려져서는 안 된다는 그의 소망을 이루어준 사람은 그의 아내였다. 살아 있을 때 모든 걸 정리하자고 했다.

이제 금병산 자락에다 문학관을 만들어 자신의 소망을 이루어 놓았다. 애지중지 그렇게도 소중하게 간직했던 3만여 권의 책들은 '책곳간'을 만들어 쌓아두고 누구라도 볼 수 있게 국민의 품으로 돌려보냈다.

사람은 무엇으로 사는가.
문학이란 무엇인가.
무엇을 남기고 갈 것인가.

나는 '전상국 문학의 뜰'을 내려오면서 그 해답을 찾을 수 있었다.

—『한국수필』전상국문학관 탐방(2021. 9. 28.)

나는 처음부터 바람이었다

"나는 처음부터 바람이었다."

바람은 작가 김홍신의 생애와 작품 세계를 표상하는 언어라 했다. 김홍신 문학관이 세워졌다. 하얀 3층 건물의 문학관은 집필관이 세워진 지 1년 후에 고향인 논산 반야산 기슭에 지었다.

작가는 자신의 작품 136권을 진열한 대형 책장 앞에서 우리를 맞았다. 수필을 쓰는 사람들이 온다는 연락을 받고 점심을 먹다 말고 달려왔다. 김홍신은 공주에서 태어나 논산에서 자랐다. 어머니가 반야산 은진미륵불에 감아 기도한 실로 지은 배내옷을 입고 살아났다. 지난해에는 코로나에 걸려 응급실로 실려 가 엄청나게 고생하고 아직 회복 중이라 했다.

『인간시장』은 1980년대 인신매매의 본거지와 창녀촌을 중심으로 당시 사회의 모순을 폭로한 작품이다. 20권 분량의 장편소설 『인간시장』은 1980년 『주간한국』에 「스물두 살의 자서전」

이란 제목으로 연재되었다. 1981년 『인간시장』으로 출간해서 한 달 보름 만에 10만 부를 돌파하며 560만 부 이상이 팔려 대한민국 최초의 밀리언셀러가 되었다.

『바람 바람 바람』은 『일간 스포츠』에 연재된 소설로 젊은 세대의 풍속도와 구세대의 세속적 욕망을 그린 작품이다. 1980년대 군사정권 시대로 반정부적인 내용을 담아 군사정권의 탄압을 받게 되면서 연재가 중단되고 내용이 삭제되기도 했다. 훗날 가수 김범용이 찾아와 자신의 노래 제목으로 사용하게 해 달라고 해 승낙해 주었다.

『우리들의 건달 신부』는 김홍신이 국회의원으로 활동하던 시절 출간한 장편소설이다. "베드로, 속명 박호(朴虎)인 주인공은 건달 같은 외모에 못 하는 말이 없는 괴짜 신부다. 이런 박호 신부가 서울 강남 부자 동네 성당에 부임하면서 벌이는 갖가지 사건이 작품 속에 전개된다. 박호 신부는 고스톱에 술을 잘 마시고 거짓말도 밥 먹듯이 하지만 그런 파격적인 모습 뒤에 '유능한' 성직자의 모습이 숨어있다."

김홍신은 "문학은 영혼의 상처를 향기로 바꾸는 가장 아름다운 행위"라고 했다.

"소설가는 남의 잉크병의 잉크를 찍어 쓰는 사람이 아니다. 내 몸속의 피를 찍어 내 목소리를 낭자하게 남겨 두려는 몸부림으로 나 자신을 학대하며 살아왔다. 나는 작가적 양심을 걸코 포기할 생각이 없다."

그의 호 '모루'는 대장간에서 달궈진 쇠를 두드릴 때 쓰는 받침쇠이다. 고故 홍문택 신부님이 "김홍신은 세상을 떠받치는 버팀목 같은 사람"이라며 지어준 호號이다.

김홍신은 역사에 남을 대작 『김홍신의 대발해』를 구상했다. 1986년 처음 중국을 방문하고 조선족 향토사학자의 충격적인 말 한마디에 가슴 속에 묘한 씨앗 한 알을 떨어뜨렸다. "중국이 고구려와 발해의 역사를 중국 역사로 규정하고 북한을 속방으로 삼기 위해 역사 왜곡을 강행할 것."이라 했다.

가슴 속에 박힌 작은 씨앗의 싹을 틔운 분은 정신적 스승인 법륜法輪스님이었다. "발해를 우리 민족사에 남기는 게 국회의원 열 번 하는 것보다 났다. 그래서 30년 뒤의 대한민국을 예견하는 지혜를 얻어라."는 법륜스님의 말에 김홍신은 마침내 발해공정渤海工程을 작심했다.

발해 229년의 역사를 규명하기 위해 한·중·일을 비롯해 러시아 연해주에 산재해 있는 발해 자료를 찾아 헤매면서 500여 권의 자료들을 섭렵했다.

『김홍신의 대발해』 집필을 시작한 후 글 쓰는 동안 퇴고할 때까지 일체 모임이나 행사에 참석하지 않고 하루 12시간 이상 책상에 앉아 원고지와 씨름했다. 오른팔과 어깨가 마비되고 심한 알레르기에 시달리고 머리칼이 빠지는 등 산고를 겪었다.

"너무 오래 방안에서 책상과 마주했더니 얼굴이 무표정하게 변하고 시력이 나빠졌으며 체형이 변하는 벌을 받았다."

200자 원고지 1만 2천 매를 만년필로 썼는데 퇴고하는 데만 무려 7개월이 걸렸다. 이렇게 하여 역사의 뒤안길로 사라져 간 대발해의 자취를 8년여를 바쳐 우리의 역사로 생생하게 되살렸다. 역사적 실존 인물 500명과 상상의 인물 500명을 동원하여 이 소설을 마무리했다.

김홍신 문학관의 로고는 작가 김홍신의 언어 속에 새겨진 창작혼으로서의 '피 한 방울'과 그 결실로서 문학을 의미하는 '잉크 한 방울'을 상징하는 데는 다 이유가 있었다. 김홍신은 그의 작품은 '바람으로 지은 책'이고 그의 문학관은 '바람으로 지은 집'이라 했다. 그리고 "죽는 날까지 만년필을 놓지 않겠다."라고 말한다.

나는 비 내리는 날 황학동 헌책방에서 『김홍신의 대발해』 10권 한 질을 구해 왔다.

이 세상에 바람을 본 사람은 없습니다. 몇십만 광년 떨어져 있는 별을 본 사람은 있고, 몇만 미터 지하 바다 밑 산호초를 본 사람은 있습니다. 그런데 바람을 본 사람은 없습니다.

나는 이제 『김홍신의 대발해』를 읽으며 그 바람을 볼 것이다.

―『한국수필』 김홍신문학관 탐방(2022. 6. 27.)

세한도

초겨울 문턱에 들어선 입동의 날씨라 쌀쌀하다. 국립중앙박물관의 웅장한 화강석 건축물은 황량하기만 하다. 그나마 대나무 화분들이 계단으로 이어져 푸른 숲을 이루어 분위기를 달래준다.

지난 2월 '손창근' 선생이 <세한도>를 기증했다. 그동안 이곳에 위탁 보관해오던 국보 184호 추사 김정희의 <세한도>는 176년 만에 국민의 품으로 돌아왔다.

국립중앙박물관은 <세한도> 기증기념 특별전세한—한겨울 추위에도 변치 않는 푸르름을 손창근 손세기 부자父子의 숭고한 뜻을 기려 일반에게 공개 전시하고 있다. 이틀 전부터 시작된 전시는 일간지 문화면에 크게 소개되어 나는 서둘러 인터넷으로 예매했다. 무료입장권 2매를 받아 아내와 함께 전시장 안으로 들어갔다.

전시장은 온통 검은색으로 캄캄했다. <세한의 시간> 영상물이 펼쳐진다. 장 줄리앙 푸스가 만든 영상이다. 제주도의 을씨년스러운 겨울 바다와 혹독하게 휘몰아치는 바람 속으로 한 선비가 걸어가고 있다. 소나무 숲 사이를 지나 바다가 보이는 언덕 위로 마른 풀들이 심하게 흩날린다. 파도 소리, 바람 소리와 함께 울려 퍼지는 영상 음악은 세한의 시간을 나타내는 듯하다.

영상물 속으로 들어가니 벽에 "세한 속 깨달음 김정희 변함없는 의리를 보여준 제자 이상적을 위해 세한도를 그리다."라고 쓴 캄캄한 전시장 안은 오직 한쪽 벽면에 세워진 진열장 속에만 빛이 나온다. 가까이 다가가니 진열장에는 <세한도> 진적眞籍 두루마리가 벽면 끝까지 쭉 펼쳐있다. 무려 14.7m나 되었다. <세한도> 두루마리에는 '阮堂歲寒圖완당세한도'라 쓴 표제와 김정희의 <歲寒圖세한도>와 발문跋文에 이어 청나라 문인들과 한국 문인들이 쓴 발문으로 이어져 있다.

<세한도>는 까만 먹색이 살아 추사 선생이 금방 그린 듯하다. 예서로 '歲寒圖 우선 시상, 완당'이라 쓰고 '정희'라 새긴 낙관을 했다. 늙은 고송은 메말라 한쪽 끝 가지에만 솔잎이 달려있다. 고송 옆 소나무는 꼿꼿하게 서 있다. 소나무 아래 긴 집에는 둥근 창이 나 있다. 왼쪽 두 그루의 측백이 서 있다. 노송 아래 갈필로 그린 땅바닥 끝으로 '장무상망'이라 낙관했

다. 그림과 발문 사이에 '阮堂완당'으로 낙관했다.

발문에는 추사 김정희의 심정이 녹아있다. 중인 출신의 역관인 제자 이상적이 자신에게 많은 책을 보내준 고마움과 자신의 마음을 담담하게 썼다. 권좌에서 물러나면 다 하는게 세상의 인심인데, 제자의 변하지 않는 마음을 "歲寒然後 知松柏之後凋세한연후 지송백지후조 추운 겨울이 되어 소나무와 측백나무는 시들지 않음을 안다"라는 논어구論語句로 칭송했다.

그대가 나를 대하는 것은 이전이라고 해서 더하지도 않았고, 이후라고 해서 더 못하지도 않았다. 그러나 이전의 그대는 칭찬할 게 없었지만, 이후의 그대는 성인의 칭찬을 받을 만하지 않겠는가. 성인이 특별히 칭찬한 것은 단지 시들지 않고 곧고 굳센 성정 때문만이 아니다. 겨울이 되자 마음속에 느낀 바가 있어 그런 것이다.

<세한도>는 추사 김정희 선생이 겪었던 유배의 모진 고초가 녹아있는 그림과 글이다. 추사는 이 그림을 그리고 나서야 비로소 하심할 수 있었다. 그에게 찾아온 세한의 시간은 길고도 험난했지만, 그는 진정한 예술가로 학자로 우뚝 섰다. 세한의 시간 그는 자신을 오롯이 내려놓을 수 있었고 이전의 모습과는 달라져 세상을 관조하게 되었다.

청나라 문인들의 발문이 이어진다. 감상글 대부분은 논어구 "歲寒然後 知松柏之後凋"에 대한 내용으로 문인 16명은 한결같

이 추사 김정희와 우선 이상적의 절조節操, 절개와 지조에 대해 칭송했다. <세한도>에 담긴 '군자의 송백과 같은 절의'를 지키는 일의 어려움과 중요성에 대한 글이었다.

이어 우리나라 문인들의 글로 이어진다. 일제 강점기 은둔 처사 오세창은 "세한도를 보니 황천에 있던 친구가 돌아온 것 같아 기쁨과 슬픔이 한량없다."라 했다. 독립투사 이시영은 "내가 이 그림을 보니 문득 수십 년 동안의 고심에 찬 삶을 겪은 선열들이 떠올라서 옷소매로 눈물을 닦고 말았다."라고 했다. 개화기 선구자 정인보는 "아! 세상이 한바탕 뒤집혀서 초목조차 제 몸을 보전하지 못했네. 국보가 모조리 일본으로 건너가니 지사들이 참담한 심경이었네… 누가 알았으랴! 이 한 그림 돌아온 것이 지금 강산을 되찾을 조짐이었음을…"라고 썼다.

나는 가슴이 벅차올라 한동안 전시실을 떠나지 못했다. 몇 번을 앞에서 뒤로 가며 <세한도>를 찬찬히 보고 또 보았다. 옆방에서는 영상 음악이 쉴 새 없이 들려왔다. 을씨년스러운 바람 소리, 파도 소리와 함께 울려 퍼지는 음악은 <세한도>를 더욱 신비롭게 했다. 캄캄한 전시실 벽면으로 추사 선생과 제자 이상적 선생의 모습이 나타났다 사라진다. 나는 그렇게 한참을 머물다 나왔다.

다음 전시실은 <세한도>의 발자취를 새긴 <세한의 시간, 송백의 마음>이다. 추사의 곁에서 소나무와 측백나무처럼 한결같이 힘이 되어준 벗들, 추사의 사후 그의 학문과 예술을 이어 갔던 사람들, 격변기 중국과 일본을 오간 <세한도>의 여정을 소개한다. 아무 조건 없이 국가에 기증한 손창근 선생과 부친인 고 손세기 선생의 숭고한 뜻을 알리는 전시였다.

1856년 10월 10일 추사 김정희는 세상을 떠났다.
<세한도>는 이상적이 죽자 그의 제자 김병선에게로 갔다. 그는 말년에 서울을 떠나 개성 해풍현으로 은거했다. 김병선이 죽자 아들 김준학에게 <세한도>는 물려졌다. 그는 나라 잃은 충격과 일제 강점기에 <세한도>를 물려준 부친 김병선의 뜻을 기려 세 차례나 글을 남겼다. 1914년 행서로 표제를 쓰고 중간에 시를 써서 두루마리에 붙였다.

김준학이 죽자 그의 아들 김상준은 아버지가 남긴 소장품들은 모두 매각했다. 소장품들은 뿔뿔이 흩어졌다. '후지츠카 치카시'는 <세한도>를 민영환의 아들 민규식으로부터 사들였다. 청조清朝 경학의 연구자였던 '후지츠카'는 경성제국대학 교수로 재직하다 해방이 되자 일본으로 떠났다.

동경으로 가져간 <세한도>를 찾아오기 위해 손재형은 대한해협을 건너 동경으로 갔다. 100여 일 동안 후지츠카에게 문안을 올리면서 <세한도>를 팔라고 요청했다. 병중의 후지츠카는 송백과 같은 손재형의 모습을 보고 감복해 <세한도>를 대가없이 내주었다.

 내가 <세한도>를 다시 조선으로 보내는 것은 소전이 조선의 문화재를 사랑하는 성심에 감탄함이요. 둘째로는 그대가 이것을 오래오래 간직하리라 믿기 때문입니다. 더구나 우리는 그분을 사숙한 동문 아닙니까.

 손재형은 <세한도>를 받아 당시 추앙받던 오세창, 이시영, 정인보의 발문을 받아 <세한도>에 붙였다. 그러나 손재형은 민의원을 거쳐 무소속 국회의원으로 출마하면서 자금이 부족하자 <세한도>를 저당 잡혔다. 저당 잡힌 <세한도>는 개성 출신 사업가 손세기가 사들였다.
 1970년경 손세기 소유가 된 <세한도>는 아들 손창근을 거쳐 오랫동안 국립중앙박물관에 위탁 보관하다 드디어 국립중앙박물관에 기증했다. <세한도>는 꿋꿋하게 모진 역경을 지나면서 우리 민족의 영원한 보물이 되었다.
 참으로 기구한 <세한도>의 운명이다. 많은 사람의 손길을 거쳐 떠돌다가 조국의 품으로 돌아온 <세한도>의 여정은 험난했지만 숭고한 뜻과 정신이 담긴 <세한도>는 고고한 모습을 잃지 않았다. 김준학과 손재형은 <세한도>의 가치를 높여주었고, 후지츠카와 손창근은 시류에 물들지 않았다. 돈으로 셈하지 않고 아무 조건 없이 <세한도>를 내 주었다. 그들은 진정으로

<세한도>를 애지중지 사랑했지만 더 큰 사랑으로 <세한도>를 떠나보냈다.

　전시장을 나서며 상념에 잠긴다. 나는 <세한도>를 통해 무엇을 보았는가, 무엇을 깨달았는가. 그리고 여생을 어떻게 보내야 할 것인가를 마음에 새기면서 천천히 박물관을 내려왔다. 호젓한 길가에 가을 억새가 바람에 하늘거리고 있다.

　아내와 나는 소나무 숲 벤치에 앉아 멀리 저녁노을이 물들어 오는 석양에 붉게 물든 하늘을 바라본다. 오늘 따라 우리의 모습이 <세한도>를 닮은 것 같다.

(2020. 11. 26.)

시무 10조

온 나라가 시무7조로 떠들썩하다. 시무時務란 나라가 어렵고 곤경에 빠졌을 때 나랏님에게 올리는 상소문이다. 진인塵人 조은산이라는 사람의 글이다. 상소문 형식의 이 청원은 예리한 비유와 풍자를 담아 대중의 지지와 공감을 끌어냈다.

시무7조의 주요 내용은 "감성보다는 이성을 중시하는 정책을 펴 달라. 인적 쇄신을 해 달라. 헌법의 가치를 지켜 달라."라고 한 언론은 전하고 있다. "이 나라는 폐하의 것이 아니듯, 헌법은 폐하의 것이 아니옵니다."며 자신은 평범한 39세의 아빠로 공사장을 전전했던 먼지 같은 사람이라 했다.

청와대는 이 글을 보름 동안이나 숨겼다가 비판이 일자 27일이 지난 뒤에야 공식적으로 게재했다. "고구마 같은 세상 뻥 뚫어 줬다."라고 '시무7조 신드롬'이라고 대서특필했다.

신라 시대 고운孤雲 최치원崔致遠 선생이 진성여왕에게 올린 글이 시무10여조時務十餘條이다. 시무의 원조이다. 최치원은 12세에 당나라로 유학의 길을 떠났다. 아버지 최견일은 "10년 안에 과거에 합격하지 못하면 내 아들이라고 말하지 마라. 나 또한 아들이 있었다고 말하지 않으리라. 가서 게을리하지 말고 부지런히 노력하라."라고 격려했다. 그는 유학한 지 6년 만에 과거에 합격했다. 17년 동안 당나라에 머물며 관리의 길을 걸었지만 그다지 뜻을 펴지 못하고 신라로 돌아왔다. 당나라 시절 「격황소서」는 그가 문장가로서 세상에 이름을 떨칠 것을 예고라도 하듯 유명한 글이 되었다.

신라로 돌아온 최치원은 재주가 많은 만큼 질시도 많았다. 그는 주로 외직으로 돌았다. 육두품 가문으로는 당시 신라의 골품 사회에서는 기를 펼 수가 없었다. 그를 신라로 불렀던 헌강왕 사후에는 더욱 그러했다. 신라는 골품제 사회가 무너져가고 있었다. 지방 호족들의 세력은 중앙정부의 재정을 궁핍하게 했고 왕권은 날로 떨어지고 있었다. 이러한 정치 체제의 파탄을 수습하기 위해서는 신분제의 과감한 개혁을 포함한 혁신이 필요했다.

진성여왕 8년에 최치원은 시무10조를 올렸다. 그의 정치적 견해를 소상히 밝히고 신라의 개혁을 조목조목 밝혔다. 지금 원문은 전해지지 않지만, 그 핵심은 중앙집권적인 재상 정치를 지향했다고 전해진다. 국왕보다는 현명한 재상에 의해 유지되는 재상 중심의 정치 체제를 주장했다. 재상의 폭을 넓히다 보면 신분보다는 학문을 토대로 한 인재 등용을 강조한 정치 개혁안이 골품제 사회인 진골 귀족들에게 받아들여질 리가 없었다. 시무10조는 당시의 현실 문제를 거론하고 그에 대한 개선책이었지만 받아들여지지 않았다.

최치원은 관직에서 물러나 산천을 유람했다. 경주의 남산, 의성의 빙산, 합천의 청량사, 지리산 쌍계사, 마산의 별서, 동래의 해운대 등을 거쳐 가야산 해인사에 머물었다. 그는 어느 날 집을 나갔는데 갓과 신을 숲에 남겨두고 어디로 갔는지 알지 못하였다. 사람들은 신선이 되었다고도 하고 스스로 세상을 버린 것이라고도 했다.

해인사에 은둔한 최치원은 난세인 당시의 현실을 개혁하고 실현할 새 시대의 도래를 인식하고 있었다. 새 시대는 새로운 인물뿐만 아니라 새로운 정치이념이 요구된다는 시대적 요구에 부응하여 저술 활동에 전념했다. 그가 지향한 새 시대의 모습은 뛰어난 군주보다는 훌륭한 재상이 중심에 서는 것이었다. 그는 새로운 건국을 도모하는 세력들에게는 협조하지 않고 신라에 불사이군不事二君의 충성을 다하고 일생을 마쳤다.

그가 신라에서 실현하고자 했던 정치적 이념은 훗날 고려에서 실현되기에 이르렀다. 고려왕조에 들어서는 왕족은 정치 일선에서 배제되고 재상 중심의 정치가 실현된 것이다. 이후 이러한 정치 이념은 고려 500년과 조선 500년을 이어갔다.

 조은산의 시무7조가 지금 회자 되는 것은 그 옛날 망해가는 신라를 구하기 위한 충심 어린 최치원의 시무10조가 있었기에 가능한 것일 게다. 하지만 시무7조는 현 체제의 모순과 정책의 실정 그리고 인재 등용의 실책 등을 신랄히 비판하고 풍자하여 국민의 막힌 마음을 뚫어주는 해학에 불과한지도 모르겠다. 그러나 시무 7조는 이성을 중시하는 정책과 인적 쇄신을 요구하며 헌법의 가치를 지켜달라는 주장은 어쩌면 최치원의 시무10조와 많이 닮아있다.
 고운 최치원 선생의 시 한 수가 생각난다.

가을밤 비는 내리고(秋雨夜中)

가을바람 속에 오직 괴롭게 시를 읊지만 (秋風惟苦吟, 추풍유고음)
온 세상 통틀어 알아주는 이 드물구나 (擧世少知音, 거세소지음)
창문 밖에 내리는 삼경의 빗소리 들으며 (窓外三更雨, 창외삼경우)
등잔 앞에서 만고(萬古)를 향해 이 마음 달리노라 (燈前萬里心, 등전만리심)

(2020. 9. 7.)

일송 윤덕선 평전

『일송 윤덕선 평전』.

나는 알라딘에서 우연히 이 책을 발견했다. 얼른 책을 뽑아 선 채로 펼쳐 보았다. 틀림없는 필동 성심병원 원장님이었다. 나는 반가운 마음에 사 와 아내에게 보여 주었더니 책 속의 사진을 보고는 금방 알아보았다.

46년 전이다. 1974년 5월 29일은 우리 부부의 결혼기념일이다. 그때 주례를 서 주신 분이 윤덕선 원장님이시다. 그때 나는 수도경비사령부에서 사병으로 군 복무 중이었다. 어머니가 갑자기 위독하다는 전보를 받고 대구 숙부님 댁으로 급히 내려갔다. 어머니는 위암 말기 판정을 받고 누워 계셨다. 숙부님은 너무 늦어 수술할 수가 없다고 말씀하셨다. 나는 어머니의 X레이 사진을 가지고 귀대했다.

필동 부대 앞 성심병원 사거리에서 교통정리 헌병으로 복무할 때 성심병원 원장 기사님을 잘 알고 있었다. 평소 나를 동생같이 다정하게 대해 주시던 분이라 사정을 말씀드렸더니 한번 알아보겠다며 사진을 가지고 갔다. 며칠 후 슬픈 얼굴로 너무 늦어 암이 전체로 퍼져 수술할 수 없다며 위로해 주었다.

오 남매 맞이인 내가 결혼을 하게 되었다. 바로 위 누님은 출가해 부산에 남겨진 세 동생을 돌볼 사람이 필요했기 때문에 나는 제대 4개월을 앞두고 결혼을 할 수밖에 없었다. 그녀와 함께 대구로 내려가니 어머니도 흡족해하셨다.

결혼은 서울에서 해야 했다. 나는 주례를 부탁했다. 원장님은 흔쾌히 승낙해 주셨다. 나는 옛날 앨범을 꺼내 결혼식 사진을 다시 한번 보았다. 윤덕선 원장님은 우리 부부 뒤에 늠름하게 서 계셨다.

일송 윤덕선 원장은 평안남도 평강군 진남포에서 조금 떨어진 광양만 입구에 있는 금곡면 면 소재지 우등리에서 태어났다. 5대조 때부터 독실한 가톨릭 집안에서 자란 꿈많은 소년이었다. 7남매의 장남으로 어릴 때부터 아버지가 세운 공소성당에 다니면서 한 알의 밀알이 되어야 한다는 가치관을 세웠다.

그는 보통학교를 졸업하고 평양고보로 진학한 수재였다. 공부만 잘하는 모범생이기보다는 교우관계도 넓고 운동과 노래를 좋아하는 팔방미인이었다. 3학년 때 은사로부터 "조선사람이 독립을 못 하고 일본의 식민지로 있게 된 큰 원인은, 조선사람은 땅에 묻힐 주춧돌 노릇은 하기 싫어하고 저마다 대들보 노릇만 하려고 하기 때문."이라는 말을 듣고 자신의 좌우명을 "주춧돌이 되자."라고 정했다. 이것은 그가 평생을 지켜온 신조가 되었다.

나는 "땅에 묻혀서 주춧돌이 되어라. 외부에 나서지 마라. 다른 사람을 내세우고 너는 뒤에서 뒷받침해라."라는 태도로 살아왔다.… 내가 살아오면서 한 가지 떳떳하게 얘기할 수 있는 것은 명예나 권세나 자리를 탐하지 않았다는 것이다. 그것은 내 자랑이 아니고 중학교 시절 일본어 선생이 나에게 가르쳐 주신 교훈 때문임을 명심하고 있다.… 나는 이 좌우명을 조금도 후회하지 않고 지키며 살아왔다.

그는 국어 선생으로부터 '일송'이라는 호를 받았다. 이 호는 그의 인격과 풍모에 잘 어울렸음을 자타가 모두 인정하였다. "그는 높은 산에 우뚝 솟은 한 그루의 청정한 소나무였다." '주춧돌'이라는 좌우명과 '일송'이라는 호에서 상징하듯 평양고보 시절은 사회적 자아를 형성하는데 결정적인 기간이었다.

그는 평양고보를 졸업하고 경성의전에 응시했으나 첫해는 낙방하고 재수를 거쳐 입학할 수 있었다. 일송은 경성의전을 다니면서 의학 공부만을 하지 않고 철학, 역사, 문학 등 다방면으로 공부했다. 그뿐 아니라 축구의 맹장으로 활약하기도 했다. 일송이 축구부에서 활동한 것은 당시 축구부가 민족의식을 고

취하고 차별에 저항하는 구심점이었다는 점도 작용하였다. 경성의전은 훗날 경성제국대학 의학부와 통합되어 서울대학교 의과대학이 되었다.

일송은 1942년 경성의전을 졸업하고 스승이었던 백인제가 운영하던 백병원에서 외과 수련 생활을 시작했다.

백병원에서 수련 생활을 하면서 간호사 윤봉옥을 만나게 되었다. 두 사람은 자연스럽게 사귀게 되었고 1944년 평생 서로의 반려자가 되었다. 무뚝뚝한 평안도 사내라서 그랬는지 일송은 일상에서는 다정다감한 표현은 잘하지 못하였다. 그가 병원 메모지에 수줍은 듯 쓴 생일 축하 편지는 부인에 대한 애정과 신뢰와 깊은 속내를 보여 준다. 이들은 모두 2남 3녀의 자녀를 두었다.

1945년 초 일송은 백병원을 그만두고 일본군의 징집을 피해 고향에서 개업하였다. 해방 후 혼란기에 일송은 서울 백병원으로 복귀했고 이어서 가족들도 모두 월남했다. 가족들과 함께 살기 위해 홍성에서 다시 개업하게 되었다. 그는 돈도 경험도 없이 천신만고로 성심병원을 세워 열심히 병원을 운영하여 단기간에 호전되었다. 병원의 이름을 '聖心성심'으로 한 이유는 '예수의 마음'이라는 뜻에서였다.

1950년 6월 25일, 북한군의 남침으로 한국전쟁이 시작되었다. 미군 야전병원 등을 전전하며 전쟁이라는 아수라장에서 죽어가는 병사들을 치료하면서 혹독한 전쟁의 참상을 겪었다. 그는 다시 홍성으로 돌아와 병원을 개원했고 가족들은 모두 모여 함께 살게 되었다.

백병원은 스승 백인제가 북한군에게 끌려가 병원의 재건을 위해 일송은 서울로 올라왔다, 백인제의 아들 백낙환이 원장으로 취임하고 병원도 정상화되자 그는 미국 유학을 떠났다. 브리지포트 병원에서 의학 연구와 의료 시스템을 배운 뒤 일송은 애초의 계획을 바꿔 귀국했다.

그는 귀국 후 가톨릭 대학에서 근무하면서 외과 의사로서 대장암, 세포 종양, 골수 거대세포 등에 관한 논문과 수술 집도로 이름을 알리기 시작했다. 미국 유학은 일송이 의사로서 독창적인 수술 스타일을 만들어냈으며 수술 실력과 빠른 판단력으로 그의 권위는 높아 갔다.

그는 1968년 필동에 사립 종합병원을 세웠다. 필동 성심병원은 180병상에 연건평 1,500여 평의 대형병원이 되었다. 일송은 초대 이사장 겸 병원 원장으로 취임하였다. 필동 성심병원은 개원 직후부터 환자가 넘쳐났다. 일송은 병원경영의 귀재로 알려졌다.

나는 필동 수도 경비사령부에서 교통 헌병으로 필동 사거리 성심병원 앞에서 군 복무 중이었다. 그때 우리는 4명이 교대로 근무하였다. 새벽부터 부대에서 내려와 러시아워 때는 모두가 나가 교통질서를 잡았으며 러시아워가 지나면 2명이 한 조가 되어 근무했다. 휴식 공간이 없어 병원의 운전기사 대기실에서 쉬면서 두 명이 한 시간씩 교대하며 근무했다. 자연히 기사님들과는 친하게 지냈다.

나는 원장 기사님을 알게 되었다. 원장님을 모시는 관계로 다른 기사분들보다 영향력은 있었지만, 그분은 겸손하고 친절하신 분이었다. 특히 나한테는 관심이 많아 보였고 나 역시 형님처럼 고민을 털어놓기도 했다. 그분도 내 사정을 듣고는 앞장서 도와주었다.

당시 윤덕선 원장님은 필동 성심병원 원장으로 근무하며 한강성심병원을 세우고 있었다. 나의 결혼식 주례를 선뜻 서주기로 하셨다. 국내 암전문 외과의사로 위 절제 수술로 권위가 높으신 분이셨다. 그때 내가 부탁한 어머니의 X레이 사진도 보시고 판정도 해 주셨다. 나의 사정을 딱하게 생각해서 그 바쁜 일정에 시간을 비워 주례까지 서 주신 것이다.

일송은 한강성심병원도 성공적으로 설립하였다. 그 후 일송은 강남성심병원을 세웠고 춘천에도 성심병원을 세웠다. 강동성심병원도 세워 이 지역 주민에게 봉헌해 이 지역 영세 개인병원의 반대를 달래주었다.

일송은 한림대학을 세우게 된다. 한림대학이 종합대학교로 승격되어 한림대학교로 변경되자 의료원도 한림대학교 의료원으로 변경되어 오늘에 이른다. 일송이 대학설립의 터를 춘천으로 확정한 이유는 지리적 이점, 깨끗한 환경, 주민들의 인심이 무엇보다 중요하게 작용했다. 일송이 춘천에 크게 만족한 사실은 만년의 일기에서 확인할 수 있다. 그리고 자신의 포부를 밝히기도 하였다.

어떻게 저승으로 가는 것이 가장 좋은 방법인가. 가기 전에 모든 것을 잊어버리려야 한다. 더욱이 온갖 욕심에서 벗어나는 것이 가장 중요하다. 죽는 날까지 먹을 만큼만 가지고 있으면 된다. 명예나 권력은 아무 쓸모가 없다. 죽는 순간까지 건강하고 떳떳하게 살면 그만이며, 오직 인생은 그것뿐이다. 빈손으로 왔다가 빈손으로 가는 게 틀림없는 인생임을 알아야 한다.

일송은 부인과 동생 부부와 함께 제주도를 여행했다. 1996년 3월 10일 오후 목욕을 하고 급작스럽게 세상을 하직하였다. 빈손으로 왔으니 빈손으로 간다는 일기에서의 다짐처럼 그는 급작스럽고 허허롭게 이 세상을 하직하고 말았다.

우리 부부는 결혼식을 마치고는 바로 어머니의 빈소로 갔다. 결혼식 날 어머니는 운명하셨다. 그 후 나는 윤덕선 원장님께도 기사님께도 고맙다는 인사도 제대로 하지 못했다. 제대하고 우리 부부는 수많은 난관 속에도 꿋꿋하게 이겨 나갔다. 집안 형편도 차츰차츰 나아졌고 삼 남매를 낳았다. 결혼하고 7년 만에 서울로 올라와 살았다, 상업은행에 취직해 살면서도 나는 원장님을 찾아뵙지 못했다. 그때는 그럴 여유조차 없었고 원장님은 너무나 먼 위치에 있었기에 감히 엄두도 못 냈다.

아내는 그때 주례에 대한 답례로 티셔츠 한 벌을 준비했는데 전달하지는 못했다고 말했다. 어머니가 돌아가시고 나는 바로 부대로 귀대했고 아내는 부산집으로 갔다.

몇 년 후 우리는 서울로 이사 왔지만 그럴 마음에 여유가 없었다. 이제 생각하면 우리 부부는 훌륭한 분의 주례로 그동안 잘 살 수 있었다. 이제 원장님은 먼 길을 떠나버렸다. 그때 기사님 역시 살아 계실지는 모르겠지만 찾아 나서기에는 너무 늦어버렸다. 나는 이 평전을 읽으며 원장님과 기사님께 마음속 깊이 고맙다는 말씀을 올리며 옷깃을 여민다.

72세 때 쓴 그의 일기가 귓전을 맴돈다. "죽는 순간까지 건강하고 떳떳하게 살면 그만이며 오직 인생은 그것뿐이다."

(2020. 12. 26.)

다혜 그림

편운재 상념

난실리 넓은 들판은 황금빛으로 물들었다.

편운동산 한가운데 세워진 편운재. 어머니가 돌아가시자 막내아들 조병화 시인은 이듬해 장재봉 아래에 묘막墓幕을 지었다. 편운재片雲齋라 돌판을 붙이고 오석烏石에 어머니의 말씀 "살은 죽으면 썩는다."를 새겼다.

시인 조병화는 꿈과 사랑의 정신으로 이곳 편운재에서 고독과 싸우며 그의 예술혼을 쏟아내었다. 편운재 앞에 세워 놓은 아기 업은 하얀 모자상母子像은 이곳이 어머니의 집이란 걸 느끼게 한다. 박새 지붕 모양을 한 20여 평 남짓한 단층 양옥 구조의 아담한 집이다.

시인은 이곳에서 어머님 곁으로 돌아갈 때까지 많은 시집과 수필집 등 주옥같은 글들을 남겼다. 또한 시화詩畵, 유화油畫 그리고 서예書藝 작품들도 남겼다.

현관에 들어서니 예서와 전서로 쓴 편운재 편액扁額이 걸려있다. 검여 유희강 선생의 작품이다. 서재에는 시인의 유품들로 가득하다. 평생을 즐겨 쓰던 베레모와 가죽 륙색과 외투가 옷걸이에 걸려있다.

책상에는 원고지 위에 몽블랑 만년필이 놓여있다. 접시 안에는 안경 두 개가 담겨있다. 오른쪽 창문 아래 기다란 서예 책상에는 짙은 밤색 천이 깔려 있다. 책상 한쪽에는 시인의 흉상이 놓여있다. 서예 붓걸이에 열 자루 남짓 붓이 걸려있고 백자 붓통에는 금방 쓰다 꽂아 둔 듯한 붓도 있다. 서예 책상 위에는 화선지를 문진으로 눌러 놓았다. 책장에는 오래된 책들로 빼곡하다. 평생을 함께한 책들은 시인의 체취가 배어 있는 듯하다. 책장 위 백자 항아리에 시인이 쓴 시화와 절구絶句 휘호가 또렷하다.

벽난로 위로 반가사유상이 놓여있고 한쪽에는 어머니 흉상이 놓여있다. 가운데는 시인이 직접 쓴 신위神位 액자가 세워져 있다. 신위 좌우로 황동 촛대에 굵은 양초가 꽂혀있다. 황동 향로에는 타다 남은 향이 꽂혀있다. 시인이 생전에 모신 부모님의 제단祭壇이다.

편운재 서재에서 나는 상념에 잠겨 한동안 자리를 뜨지 못한다. 금방이라도 시인이 베레모에 담배 파이프를 물고 나타날 것만 같다. 시인의 목소리가 들려 오는 듯하다.

버릴 것 버리고 왔습니다.
버려서는 안 될 거까지 버리고 왔습니다.
그리고 보시는 바와 같습니다.
     ―조병화 「어느 자화상」

 버릴 것은 무엇이고 버려서는 안 될 것은 또 무엇일까. 인생은 한 조각 뜬구름인가. 한번 왔다 가는 인생 나는 무엇을 버리고 또 무엇을 버리지 않아야 할 것인가.

 편운재는 문인들의 사랑방 구실을 했다. 시인은 이곳에서 벗과 친지, 동료 그리고 제자들과 함께 술잔을 나누면서 예술과 인생을 이야기했으리라. '片雲편운. 조각구름'은 시인의 호이다. 그는 한 조각 구름처럼 이곳에서 어머니를 그리며 살다가 그 곁으로 돌아갔다. '청와헌聽蛙軒'은 시인이 난실리 들판에서 들려오는 개구리 소리를 들으며 살았던 집이다.

어머니 심부름으로 이 세상 왔다가
이제 어머님 심부름 다 마치고
어머님 곁으로 돌아왔습니다.
     ―조병화 「꿈의 귀향」

장재봉 자락 아래 평생을 그리워했던 어머니와 먼저 간 두 살 아래의 사랑했던 아내 옆에 시인은 잠들었다. 노란 황국黃菊이 핀 시인의 묘소 앞에서 두 손을 모은다.

언젠가 지구별을 떠나는 날
나는 무엇을 버리고 무엇을 남겨야 할까.
그동안 살아온 나의 흔적들 하나하나씩 버리고 지워야 할 것이다.
그리고 못다 지운 그리움 하나 남기고 떠나고 싶다.

난실리 황금 들판에서 벼 익어가는 내음에 취해 본다.

―수필작가회 문학기행(2022. 10. 21.)

훈민정음

 '명동 클림트'로부터 문자 한 통을 받았다. 오늘 경향신문에 '안평대군 진적'에 관한 글이 실렸다고 전해왔다.
 기사는 경향신문 이기환 선임기자가 쓴 글이었다. 제목은 「2~3점뿐이라던 안평대군 진眞 적跡, 알고 보니 오구라 유물에도…」라는 기사였다. 나는 흥미롭게 기사를 단번에 읽었다. 일제 강점기 '오구라 다케노스케'가 반출해 간 '오구라 유물'에 안평대군 이용李瑢의 <행서 칠언율시축>이 실린 도록을 보고 쓴 기사였다. 2005년에 발간된 도록인데 이 귀중한 자료가 왜 당시에는 화제가 되지 않았는지 의문을 품고 전문가에게 사진을 보여주었더니 작품을 친견하지 않았으니 단언할 수는 없다 라고 전제하고 사진상으로 안평대군의 글씨가 틀림없는 것 같다고 했다.

 나는 『오구라도록』을 명동 클림트의 회현동 헌책방에서 산

것이 생각나 얼른 찾아보았다. 유물목록을 찾아보니 도록에는 안평대군 이용의 <행서 칠언율시축>이 실려 있었다. "행서의 명가名家로 필속筆速의 완급, 필획의 강약, 허획과 실획의 운용 등의 특징에서 안평대군 행서의 진수를 보여주는 작품이다."라고 작품 설명도 쓰여 있다.

이 기사에는 놀라운 사실을 싣고 있었다. 『훈민정음해례본』의 한자도 안평대군이 썼다는 것이다. 손환일 서화 문화연구소장의 논문을 인용해 밝혔다. 『훈민정음해례본』은 1446년세종 28년 음력 9월에 발행된 훈민정음 해설서이다. 등재본에 새긴 한글은 당대 명필 '강희안'이 쓴 것으로 추정했지만 한자는 정인지 작품인 것처럼 됐었다. 세종대왕 당시 수양대군세조이 주요 간행물을 담당하여 안평대군이 썼을 리 없다는 견해가 있지만 학계의 지배적인 견해는 정인지가 문장을 짓고 글씨는 안평대군이 쓴 것으로 보는 게 정설이라고 했다.

나는 기사를 읽으며 안평대군은 우리나라의 명필로 알고는 있었지만, 그의 행서를 자세히 보기는 처음이었다. 특히 간송미술관에서 소장하고 있다는 <재송엄상좌귀남서>를 보고는 깜짝 놀라지 않을 수 없었다. 안평대군의 유려한 행서 필체 한 획 한 획이 행서의 모든 걸 보여주는 듯했다.

이 기사는 『훈민정음해례본』의 글씨 또한 안평대군의 글씨라는 걸 비교하며 보여주었다. 나는 갑자기 이 글씨체를 직접 보고 싶어졌다. 명동 클림트에게 전화했다. 훈민정음 영인본을 구할 수 있겠느냐고 하니 한번 구해 보겠다고 했다. 나는 교보문고로 가서 훈민정음에 관한 책을 찾아보았다.

교보문고에는 훈민정음에 관한 책이 여러 권 있었다. 그중에서 최근에 발행된 『대한민국이 함께 읽는 훈민정음해례본』을 샀다. 9명의 학자가 함께 쓴 책이다. 이 책은 국내 각계의 전문 학자들이 '국립 한글박물관'이 주관한 『훈민정음해례본』 번역 사업의 일환으로 연구한 보고서를 바탕으로 만들어진 책이었다. 나는 지난밤을 이 책에 흠뻑 빠져 읽었다.

『훈민정음해례본』은 '유네스코 세계기록유산 · 국보 제70호'이다, 대표저자 김유범 교수는 "해례본을 읽는다는 것은, 우리의 오늘이 어디에서 왔는지를 찾아가 보는 일이며, 우리가 세계와 함께하는 위대한 가치를 깨닫는 일이며, 우리에게 잠재된 무한한 창의성의 원형을 확인하는 일이며, 더불어 우리는 해례본을 통해 가장 수준 높은 한국 문화의 정수를 맛볼 수 있다. 이것이 바로 우리가 해례본을 읽어야 하는 이유이다."라고 말했다.

『훈민정음해례본』은 세종이 지은 「어제 서문」과 「어제 예의」, 그리고 여덟 명의 집현전 학사들이 지은 「해례」로 되어있다. 해례에는 훈민정음의 창제 원리인 해와 예 그리고 「정인지 서문」으로 되어있다. 임금이 쓴 「어제 서문」과 신하가 쓴 「정인지 서문」이 책의 맨 처음과 맨 끝에 대칭적으로 놓여 새 문자의 창제 배경과 목적, 그 효용에 관해 이야기한다. 어제는 세종이 직접 지은 글로 정중한 해서체로 되어있고 해례는 활달한 행서체로 되어 있다.

 손환일은 "이번 논문은 안평대군 글씨의 목판본인『진초천자문』과,『엄상좌찬』서첩의 글씨와 조목조목 비교한 것"이라고 밝혔다.『진초천자문』은 왕희지 7세손 지영 스님이 쓴 것을 안평대군이 다시 쓴 작품이고, 엄상좌찬은 안평대군이 엄 상좌라는 스님의 불법 법문을 듣고 이별을 아쉬워하는 내용이다. 나는 도표로 비교한 글씨를 보니 그야말로 같은 사람이 쓴 글씨라는 걸 느낄 수 있었다.

 훈민정음해례본은 1446년세종 28년 음력 9월에 목판으로 찍었다. 훈민정음해례본은 한글 537자와 한자 4,761자로 구성됐다. 이 책을 목판으로 찍어 내자면 한글과 한자의 필자가 분명히 존재했을 것이다. 우선 종이에 글자 수가 많은 한자를 쓴 뒤, 빈칸으로 남겨놓은 한글 부문은 한글 목활자로 새겨 채워 넣어 완성했다. 이것이 목판에 새기기 위해 제작한 등재본이다. 이 등재본을 풀칠해 뒤집어서 나무에 붙이고 각수가 새긴 뒤 완성한 목판으로 인쇄한 것이 바로『훈민정음해례본』이다. 이 등재본의 한자를 안평대군이 썼다는 것이다.

 안평대군 그는 누구인가. 안평대군은 세종의 셋째 아들로 당대 최고의 명필이었다. 그는 당대 중국 황제로부터도 극찬을 받았다. 안평대군은 서예를 비롯해 예술에 능했으며 그의 별장인 무계정사에서 수많은 문인 선비들과 교유했다. 그는 <몽유도원도>를 꿈속에서 보고 안견으로 하여금 그리게 하고 <몽유도원도>의 발문을 썼다. 지금은 일본 천리대에서 소장하고 있으며 수년 전 국립중앙박물관에서 전시한 바도 있었다. 안평대군은 당대의 명필이었지만 둘째 형 세조의 계유정난으로 김종서가 죽고 나자, 강화도로 귀양 간 지 엿새 만에 사약을 받고 사사됐다.

『훈민정음해례본』을 펼쳐 「어제 서문」을 읽어본다.

우리나라 말은 중국말과 달라서 한자로 쓴 글과 서로 통하지 않는다. 그러므로 백성 중에는 하고 싶은 말이 있어도 끝내 자기 뜻을 글로 표현하지 못하는 사람이 많다. 내가 이를 딱하게 여겨 새로 28자를 만드니 사람마다 쉽게 익혀 날마다 사용함에 편안케 하고자 할 따름이다.

"나랏말싸미"로 시작하는 훈민정음 「어제 서문」은 세종대왕의 백성에 대한 사랑이었다. 우리 민족이 대대로 살아오면서 우리말을 우리글로 쓸 수 없는 것을 안타까이 여겨 몸소 신하들인 학자들과 연구하여 창제한 세계에서 최고의 글인 한글을 만들었다.

이 책이 널리 알려진 것은 『훈민정음해례본』이 발표된 1446년 이후 무려 494년 만인 1940년에 발견되면서였다. 이 책은 안동 이한걸 집안의 가보家寶로 전해오던 것을 1940년 당시 경학원성균관대학교 전신에 다니던 이 집 아들 이용준이 김태준 교수에게 알려 이 책의 존재가 비로소 세상에 알려졌다. 당시 일제 치하의 민족 말살 정치에 혈안이 되었던 일제의 눈을 피해 간송 전형필이 사들여 오늘날까지 이어져 내려왔다. 이 책 한 권으로 말미암아 우리는 세계에서 문화민족으로 자부할 수 있는 한글의 전 모습을 밝힐 수 있게 되었다.

훈민정음해례본의 「정인지 서문」을 읽어본다.

천지자연의 말소리가 있으면 반드시 천지자연의 문자가 있는 법이다. 그러므로 옛사람이 말소리에 따라 글자를 만들어 만물의 뜻을 통하게 하고 천지인 삼재(天地人 三才)의 원리를 싣게 했으니 후세 사람이 바꿀 수 없는 까닭이다.

똑똑한 사람은 아침나절도 안돼 깨우치게 되고 어리석은 자라도 열흘이면 배우게 된다. 설사 바람 소리, 학 울음, 닭 울음, 개 짖는 소리라 하더라도 모두 글로 표현할 수 있다.

나는 인사동 통문관에 들렀다. 마침 주인이 자리를 지키고 있었다. 지나가는 말로 물었다.

"사장님 혹시 『훈민정음』 영인본 있습니까."

물끄러미 나를 아래위로 훑어보더니 의심쩍은 눈으로 말했다.

"마침 한 권이 있긴 합니다만…."

"한 번 볼 수 있겠어요."

말쑥한 차림의 주인은 깊숙한 곳에서 봉투 하나를 꺼내 왔다. 놀랍게도 『훈민정음해례본』 영인으로 1948년에 발행한 영인이다.

"이 영인본은 『훈민정음해례본』이 발견되고 난 후 전형필 선생이 직접 해체하여 영인으로 만든 것으로 아주 귀중한 것입니다."

"네 그렇겠습니다. 소문으로만 들었던 바로 그 책이네요."

가격을 물었더니 선뜻 살 수 없는 금액이었다.

"귀중한 책 잘 보았습니다. 오늘은 준비가 안 되네요. 감사합니다." 하고 나왔다.

집에 가서도 이 책이 눈에 아른거려 견딜 수가 없었다. 며칠 후 마음을 다잡아 먹고 다시 통문관을 찾았다.

"사장님 지난번 『훈민정음』 그대로 있습니까."

"네 그럼요. 잘 보관하고 있지요."

"『훈민정음』이 어른거려 다시 왔어요."

"책 주인은 따로 있는 것 같네요. 좀 깎아 줄 테니 가져가세요."

"네 사장님 고맙습니다."

"귀중하게 잘 사용하세요."

지난번 금액에서 5만 원이나 깎아주며 책 주인을 만나서 기쁘다고 말하면서 통문관 봉투에 넣은 채로 주었다. 나는 기쁜 마음으로 『훈민정음해례본』을 가슴에 품고 왔다.

(2022. 2. 18.)

이 한 권의 책

―이양하 수필집

　새봄이다. 앞산이 신록으로 물든다. 개울에는 엊그제 내린 비로 물소리도 맑다. 산등성에는 푸릇푸릇 새싹들이 돋아나고 군데군데 하얀 산 벚꽃이 피어오른다. 봄은 이렇게 봄비와 함께 찾아오는가 보다. 문득 봄을 기다리며 이양하의 「신록 예찬」이 다시 읽고 싶어졌다. 이양하1904~1963는 영문학자 수필가였다. 도쿄제국대학 영문과를 졸업하고 귀국하여 연희전문학교 강사, 경성대학 교수를 거쳐 광복 후엔 서울대학교 교수를 했다.

　나무는 덕을 가졌다. 나무는 주어진 분수에 만족할 줄 안다. 나무로 태어난 것을 탓하지 아니하고, 왜 여기 놓이고 저기 놓이지 않았는가를 말하지 아니한다. 등성이에 서면 햇살이 따사로울까, 골짜기에 내려서면 물이 좋을까 하여, 새로운 자리를 엿보는 일도 없다. 이웃 친구의 처지에 눈떠 보는 일도 없다. 소나무는 진달래를 내려다보되 깔보는 일이 없고, 진달래는 소나무를 우러러보되 부러워하는 일이 없다. 소나무는 소나무대로 스스로 족하고, 진달래는 진달래대로 스스로 족하다.

—이양하 「나무」

「나무」의 첫 문단은 나를 이양하 수필에 빠져들게 했다. 70여 년 전 작가가 만년에 쓴 글이다. '수필은 이렇게 써야 하는구나.' 하는 생각이 들었다. '문장을 이렇게 깊고도 넓은 사유의 글로 쓸 수 있네.'하며 마음속이 환해지게 하던 수필이다. 몇 번을 되 읽어도 처음인 듯 읽힌다.

나무는 안분지족할 줄 알며 고독하지만 꿋꿋하게 견디는 인자의 모습이다. 또한 나무는 자연에 순응함으로써 겸허한 삶의 내면을 표상한다.

눈을 들어 하늘을 우러러보고 먼 산을 바라보라. 어린 애의 웃음같이 깨끗하고 명랑한 5월의 하늘, 나날이 푸르러 가는 이 산 저 산, 나날이 새로운 경이를 가져 오는 이 언덕 저 언덕, 그리고 하늘을 달리고 녹음을 스쳐 오는 맑고 향기로운 바람— 우리가 비록 빈한하여 가진 것이 없다 할지라도 우리는 이러한 때 모든 것을 가진 듯하고, 우리의 마음이 비록 가난하여 바라는 바 기대하는 바가 없다 할지라도, 하늘을 달리고 녹음을 스쳐오는 바람은 다음 순간에라도 곧 모든 것을 가져올 듯하지 아니한가.

—이양하 「신록예찬」

작가가 연희전문 강사 시절에 쓴 글이다. 작가는 수업을 끝내고 서둘러 교정의 솔밭 사이에 있는 조그만 소나무 그루터기 '나의 자리'에 앉아 사색하기를 좋아했다.

이즘의 신록에는 우리 사람의 마음에 참다운 기쁨과 위안을 주는 이상한 힘이 있는 듯하다. 신록을 대하고 앉으면 신록은 먼저 나의 눈을 씻고 나의 머리를 씻고 나의 가슴을 씻고 다음에 나의 마음의 모든 구석 구석을 하나 하나 씻어 낸다. 그리고 나의 마음의 모든 티끌―나의 모든 욕망과 굴욕과 고통과 곤란―이 하나 하나 사라지는 다음 순간 별과 바람과 하늘과 풀이 그의 기쁨과 노래를 가지고 나의 빈 머리에 가슴에 마음에 고이 고이 들어 앉는다.
―이양하 「신록예찬」

몇 번을 소리 내어 읽어본다. 신록이 저만치서 나를 손짓한다. 작가의 숨결을 느끼고 싶어 서문을 읽어본다. "이것은 내가 과거 한 10년 동안을 두고 신문이나 잡지에 투고 하였던 글을 모은 것이다.… 막상 책이 되고 보니 나에게는 참말로 조그만 기쁨이 아니요 한 커다란 기쁨이다.… 감히 부끄러움을 무릅쓰고 내놓는 바이다."
최정우의 발문도 읽어 본다. "이군은 학생 시대부터 수필에 대한 관심이 커서 항시― 수필 특히 영국의 수필을 즐겨 부단히 읽었기 때문에 그의 수필에는 여러 수필인들의 좋은 특질이

혼연히 흡수되어 있는 것을 나는 느낀다.… 수필의 내재적 미를 추구할 뿐 아니라 외국 수필 특히 영국 수필이 어떠한가를 알고자 하는 사람에게 나는 이 수필집 읽기를 주저하지 않고 권고하는 바이다."

"첫여름 무엇보다 별이 아름답다."
그의 수필 「나무의 위의威儀」 첫 문장이다. 이렇게 간결하고 아름다운 문장을 70년 전에 썼다니 실로 놀랍다. 그는 오랫동안 보지 못한 친구를 찾듯이 즐겨보는 몇 그루의 나무를 가지고 있다.

"가장 가까이 있는 앞집의 개쭝나무, 아침 산책길에 만날 수 있는 친구인 두 그루의 히말라야 으르나무, 일상 즐길 수 있는 또 하나의 친구는 우리 교정 한가운데 서 있는 마로니에다. 그리고 걸엇길, 성균관 안에 온 뜰을 차지하고 구름같이 솟고 퍼진 커다란 은행나무야말로 거룩한 성자의 모습"이다.
이양하는 나무의 수필가였다. 그는 나무가 주는 위안과 기쁨을 노래하며 나무들을 친구라 했다.
수필가 이양하에겐 또 하나의 친구가 있다. 바로 어린아이들이다. 친구의 딸을 사랑하는 마음으로 쓴 「일연이」를 읽어보면 그가 얼마나 어린아이를 좋아하는지 알 수가 있다. 친구는 멀리 외국으로 나가고 없지만 일부러 집으로 찾아가 친구의 딸과 놀아 줄 수 있는 것은 그가 동심을 가진 순수한 마음의 소유자라는 것을 말해준다. 그의 수필에선 사람 냄새가 난다. 그것도 어린아이의 싱그러운 냄새이다.

그의 친어머니는 그를 낳고 산욕열로 일어나지 못하고 몇 해를 앓고 누웠다 돌아가셨다. 어머니에 대한 기억은 "어느 하루 저녁 자리에 누워서 밤을 씹어 먹여 주시던 것뿐이다." 큰어머니의 품에서 동냥 젖을 얻어먹고 자라다 이듬해 봄 아기 잃은 가난한 어미가 있다는 말을 듣고 그리로 보내졌다. 젖어머니 젖아버지는 그를 친자식처럼 지극정성으로 키워 냈다.

젖어머님은 얼굴이 약간 얽었었다.⋯ 그런데 두 분은 참말로 의젓하고 참을성 있는 분들이라 궁둥이 한번 얻어맞은 기억이 없다.⋯ 내가 더 자라서 일본 공부 다닐 때 여름방학에 돌아오면 "너 얼굴 안됐다."하고 걱정하여 준 것은 젖어머님이시었고⋯ 병을 얻어 1년 동안을 집에서 요양하고 있어야 했는데 젖어머님은 모든 일을 집어치우시고 밤낮 가리지 않고 극진히 간호해 주셨다.⋯ 참말로 마음씨 좋으신 분이었다. 자녀를 사랑할 뿐 아니라 이웃 사람에게도 극진하여 대하는 모든 사람의 마음을 편히 하고 따라서 당신께서도 항시 마음의 평화를 누릴 수 있었다.

─「어머님의 기억」『이양하 수필집』

그는 "사람이란 모든 결점에도 불구하고 역시 가장 아름다운 존재의 하나라고 생각한다. 그리고 또 사람으로서도 아름다운 사람이 되려면 반드시 사람 사이에 살고 사람 사이에서 울고 웃고 부대껴야 한다고 생각한다."라고 했다.

이양하 수필에서 사람 사는 냄새가 나고 인간애가 살아나는 것은 어린 시절 겪은 어머니의 사랑일 것이다. 무더운 한 여름 칡덩굴 엉킨 언덕길을 어머니의 상여를 따른 기억과 말년에 가난한 작은아들과 함께 북데기 속에서 손자들을 기르시며 일생을 마쳤던 젖어머님의 사랑이 그의 마음 깊숙이 깔려 있었기 때문이 아닐까.

그의 수필이 '시대고와 인생고'에서 초탈하고 '자아 성찰의 소중한 과정'으로 대자연의 '참다운 기쁨과 위안'을 주는 것은 '끊임없는 자기 자신과의 대화가 생활의 요건이 되어 마음의 평정을 찾게 해 줌으로써 인생을 위안의 피안에 이르게' 한 것일 게다.

우리가 책을 읽고 감동하는 것은 작가의 진솔하고 바른 삶을 통하여 자신을 돌아 볼 수 있기 때문이다. 70여 년 전 그가 쓴 수필을 읽으며 내 인생을 다시 한번 돌아보고 성찰해 본다. 그가 살았던 암울했던 시대에 쓴 주옥같은 수필에서 많은 영감靈感을 받는다. 좋은 수필을 쓰려면 다독 다작 다상량에 '이 한 권의 책' 같은 좋은 책을 나누는 것도 권해 보고 싶다.

구름방 너머로 산벚꽃이 바람에 흩날린다. 하얀 꽃비가 온 산을 물들인다. 저만치 신록이 더욱 푸르게 변해간다.

이양하의 『신록 예찬』이 오늘은 나의 신록 예찬이다.

(2023. 『한국수필』 6월호)

이 거대한 파도 어떻게 할 것인가

 한국수필작가회의 세미나 주제에 대한 질의를 맡아달라는 청탁을 받았다. 메일로 보내온 김호운 문인협회 회장의 세미나 발제문을 읽어 보았다. 「한국 수필의 통섭과 분절」이라는 주제로 쓴 글로 'AI 출현에 따른 창작 활동의 새로운 모색'이라는 부제의 글이었다.
 발제문에서는 문학의 통섭과 분절을 통하여 문인은 모름지기 다른 장르의 문학을 넘나들며 통섭해야 하며, 문학을 자기 장르의 좁은 울타리에 가두지 말고 그 벽을 허물고 통섭의 광장으로 나아갈 때 더 많은 독자가 우리 문학을 사랑할 것이라고 했다. 아울러 문인은 어떤 장르에서든 그 문학 작품을 창작할 수 있는 '몸만들기'를 이루어야 하고 이를 위해 부단한 노력과 열린 사고를 갖고 통섭하며 시인은 시를 쓰고, 소설가는 소설을 쓰고, 수필가는 수필을 써야 할 것이라고 했다. 또한 AI 챗GPT의 출현으로 사회문화 구조가 새로운 구조로 바뀔 것이라고 예상은 하지만, 예술 창작에는 적극 활용할 수는 없을 것이라고 했다. 그 이유는 문학은 인간이 인간을 탐구하는 예술이기 때문에 AI가 아무리 메타 기능을 가졌다고는 하지만 사유의 시스템을 가진 인간은 될 수 없기 때문이라고 했다.

나는 발제문을 읽고 공감하며 가슴에 와닿았다. 평소에도 수필을 쓰면서 '수필가는 수필만 읽어서는 안 된다. 좋은 수필을 쓰려면 폭넓은 독서를 통해 사색하고 사유해야 한다. 특히 시나 소설 등 다양한 문학 작품을 통하여 폭넓은 경험과 심상心想을 함양하여야 한다.'라는 생각을 해 왔다. 그리고 AI에 관한 생각도 이제는 문인들도 이를 글쓰기에 활용할 수 있어야 할 것이 아닌가 하는 막연한 생각을 하고 있었다. 하지만 막상 챗GPT에 대해서는 아무것도 모르고 있다는 생각이 들어 교보문고로 갔다.

교보문고 신간코너에는 AI 챗GPT에 관한 책들이 넘쳐났다. 전문적인 활용서를 비롯해 다양한 책들로 가득했다. 모두 너무 어려운 용어와 도표들로 가득했다. 전문 용어들은 잘 알 수가 없고 읽기에도 쉽지 않아 보였다. 그중에서 눈에 띄는 책이 있었다. 『챗GPT로 책 쓰기』라는 단행본으로 240페이지 분량으로 비교적 쉽게 쓰여 읽을 수 있겠다는 생각이 들었다.

『챗GPT로 책 쓰기』

저자 이종범은 소셜 마케팅 기업 '다솔인'의 대표로 동국대학교 기술 창업학과 겸임교수로 근무하고 있다. 그는 챗GPT를 활용해 1시간 만에 300페이지짜리 영어책 만드는 방법을 SNS에 올려 주목받았다. 2023년 2월 챗GPT를 알게 되어 자동 글쓰기 도구를 이용해 구글 스프레드시트에 한국어 주제를 입력했더니 300페이지짜리 영어책이 1시간 만에 완성되었다고 했다.

그는 인터넷 쇼핑몰이 처음 등장했을 때도, 스마트폰이 처음 등장했을 때도, 많은 사람이 발전 가능성을 폄하하고 도입을 거부했지만 결국은 모든 곳에서 시작되었으며 결국은 AI도 혁신을 끌어낼 것으로 생각한다고 했다.

우리의 일상과 업무에 AI를 도입함으로써, 기존 방식보다 효율적이고 창의적인 방법으로 업무를 처리할 수 있게 된다면 당장은 기존 방식에서 벗어나기가 어렵더라도, 먼 훗날에는 그 혁신이 우리의 삶을 더 나은 방법으로 이끌어 줄 것이라고 했다.

"결국은 거대한 파도를 막을 것인지, 그 파도에 몸을 맡길 것인지는 각자의 판단과 몫이다."

챗GPT는 글쓰기에 훌륭한 보조 도구이다. 저자는 챗GPT를 배운 뒤 손쉽게 책을 쓰는 방법이 있다는 것을 알리기 위해 그 과정과 내용을 강의로 만들었다. 강의의 목적은 책을 쓰거나 유튜브 영상을 만들려고 한 것이 아니라 단지 챗GPT 초보자가 챗GPT와 AI 기술을 활용하여 어떤 결과물을 만들 수 있는지를 알리는 데 있다고 말한다.

GPT API를 활용하면 여러 프롬프트를 연속적으로 입력할 수 있다. 구글 스프레드시트 같은 곳에 앱 스크립트를 작성하고 프롬프트를 함수로 만들어 주면 미리 입력해 둔 프롬프트에 자동으로 글이 써지는 것이다. 이 과정을 체험해 본 수강생들은 대부분 긍정적이고 신기하다는 반응을 보였지만 쓰레기 더미를 받은 것 같다. 허무하다는 반응을 보인 분들도 있었다.

둘 다 맞는 말이다. 하지만 이게 정말 내가 쓴 것인지 하는 의문이 든다. 그냥 주제만 적었는데 글이 자동으로 다 써지니 말이다. 지금 앞서 이야기한 내용도 그냥 프롬프트만 입력하면 자동으로 책을 다 써주는 것이나 다름없다. 그대로 가져다 쓴다면 그렇다는 말이다. 이렇게 만들어 출판한다고 하면 이 책의 저자는 챗GPT이다.

챗GPT는 거대언어모델을 기반으로 만들어진 프로그램이기 때문에 단어를 벡터값에 따라 배치하고 문장 다음에 나올 가능성이 가장 높은 단어를 배치하는 것이라 가끔 무슨 내용인지 알 수 없는 말을 내보내는 일도 있다. 사실 여부도 확실하지 않고 저작권이 해결되었는지도 알기 어려운 자료들을 사용하는 경우도 있어 주의해야 한다. 이것은 챗GPT로 글쓰기의 명백한 한계이자 앞으로 풀어야 할 문제이기도 하다.

이 문제는 앞으로 어떻게 해결될지는 의문이다. 발전에 발전을 거듭한다고 해도 그 책이 내가 쓴 책은 아닐 것이기 때문이다. 이 한계를 극복하는 좋은 대처방안은 결국 내가 직접 쓰는 것이다. 챗GPT가 제시해 주는 건 참고로 하고 내 생각과 의견이 들어가야 한다. 그래서 개조식으로 글을 써 달라고 하면 좋다. 1번부터 10번까지의 내용 중에 내가 선택하면 되는 것이기 때문이다. 챗GPT의 가장 큰 장점은 내가 생각하지 못한 것을 찾아 준다는 것이다. 알고는 있었지만, 갑자기 생각이 안 나는 것들을 챗GPT는 상식적인 선에서 알려준다. 결국 AI나 챗GPT는 작업을 도와주는 도구 정도로 활용할 때 가장 유용한 것 같다.

원고가 완성되었다면 다음에 해야 할 일은 편집이다. 편집은 독자가 글의 내용을 이해하기 쉽고 재미있게 느끼도록 만드는 작업으로 오탈자와 띄어쓰기, 맞춤법 교정은 물론이고 예상 독자를 상정하고 그것에 맞게 책의 성격과 콘셉트를 정한 뒤 디자인 등을 생각하는 일을 말한다.

편집에 챗GPT를 활용한다면 매우 빠르고 정확하게 할 수 있다. 챗GPT는 언어모델을 기반으로 하는 프로그램이기 때문에 언어와 주제에 대한 풍부한 학습을 바탕으로 텍스트를 생성하고 이해하는 능력이 뛰어나다. 이런 기술 덕분에 원고 편집 및 교정 작업에 챗GPT는 훌륭한 결과물을 보여준다.

챗GPT를 이용한 편집과 교정은 작성자의 글을 문법적으로 정확하게 만들고, 표현을 개선하며, 논리적 구조와 일관성을 강화하는 데 큰 도움이 된다. 또한 명료성 및 가독성을 높이고, 적절한 톤과 스타일을 유지함으로써 글의 질을 향상하는 데 이바지한다.

이 책을 읽고 나서 AI 챗GPT에 대하여 새로운 사실을 알게 되었다. 챗GPT는 문학 창작 활동에 다양한 기능을 제공하며 글쓰기에 많은 도움을 줄 수 있다는 확신이 들었다. 물론 자칫 잘못 쓰면 문학의 독창성과 창의성을 저해할 수도 있다는 문제와 인용에 따른 문제점도 있지만 작가적 양심에 따라 이런 문제는 얼마든지 배제할 수 있으며 글쓰기의 도구로만 써야 할 것이라는 생각이 들었다. 따라서 이제는 우리 문인들도 이를 활용할 수 있도록 문학단체에서 이를 수용하고 전문가를 초빙하여 연수 등을 통하여 그 기능에 숙달할 수 있게 하는 것이야말로 'AI 출현에 따른 창작 활동의 새로운 모색'이 되지 않을까 하는 생각도 들었다.

나는 얼마 전 '갤럭시 S24 플러스' 휴대폰으로 바꾸었다. 그리고 이 휴대폰을 가지고 베트남 푸꾸옥으로 가족들과 자유여행을 떠났다. 이 휴대폰은 AI 기능이 탑재되어 항간에 널리 알려져 화제가 되었다. 베트남에서는 통역 기능을 주로 사용할 수 있었다. 푸꾸옥에서는 주로 호텔이나 리조트에서 주로 직원들을 상대로 대화해 보았고 호찌민 시내에서는 상가 점원이나 길거리 상인들과 대화해 보았다. 호텔이나 리조트의 직원들은 여행객들과의 일상적인 대화였지만 상가의 점원이나 길거리에서 만난 사람들과는 일상적으로 접촉하기 힘든 사람들이지만 대화하는데 전혀 불편함이 없었다. 내가 하는 한국어를 베트남어로 음성과 문자로 빠르게 통역해 주었다. 그리하여 쇼핑이나 뒷골목 곳곳을 돌아다니며 여행을 즐길 수 있었으며 바깥으로 나가는데 언어 장벽에 따른 두려움이 사라지고 자유여행의 즐거움을 만끽할 수 있었다.

이 휴대폰으로 AI의 기능을 실감하게 되었다. 지인을 통해 카톡방에 'AskUp'를 설치하고, '빅스비' 앱을 설치해 활용해 보았다. Ask Up은 주로 사진으로 서예 작품이나 일본어 원서를 올렸더니 놀랍게도 즉시 해석해 주었다. 그리고 빅스비는 궁금한 사항을 문자로 입력하니 즉시 정확한 답변을 해주었다.
마침 AI에 대해 잘 아는 막내아우가 왔길래 AI 챗GPT에 관심을 보였더니 '빙'과 '뤼튼'이라는 앱을 설치해 주며 그 활용법을 가르쳐주었다. '뤼튼'은 주로 글쓰기로 질문에 따른 글쓰기를 즉시 해주었는데 나의 질문이 잘못됐는지 그 답변은 신뢰성이 좀 떨어지는 것 같았다. 하지만 내가 쓴 글을 복사해 올렸더니 즉시 교정해 주었는데 상당히 정확한 결과를 보내주었다. 그리고 '빙'에 질문을 해보니 신뢰할 만한 펙트 체크를 할 수 있었다.

수필 쓰기는 다른 문학과는 달리 자신의 체험을 바탕으로 한 창작의 과정이다. 수필은 개인의 경험과 아이디어를 표현하는 글쓰기이다. 수필의 주제 선택, 개인적인 경험과 관점, 구성과 흐름, 문체와 어투, 자기표현과 독창성, 문학성과 의미화, 그리고 퇴고와 교정 과정을 거쳐야 한다.

AI가 써준 글을 그대로 사용하는 것은 안 된다. 단지 AI를 글쓰기 도구로 활용하면 더 좋은 수필을 쓸 수 있으며 아이디어를 얻거나 문장을 다듬을 수 있다. 그러나 작품의 독창성과 개인적인 표현은 여전히 필요하다. AI는 도구일 뿐, 작가의 개성과 창작 과정은 여전히 필요한 부분이다. 따라서 AI를 활용하면서도 개인의 아이디어와 경험을 살려서 더욱 풍부하고 의미 있는 수필을 쓸 수 있을 것이 아닐까.

(2024. 3. 4.)

소은이 그림 〈할머니 할아버지〉

6.
남은 인생 10년

   남은 인생 10년을 생각하면 후회와 회한이 물밀듯 밀려온다. 이대로는 보낼 수는 없다는 생각이 앞선다. 이렇게 살다 어느 날 홀연히 사라질 수는 없다. 영화를 보면서 어쩌면 나에게도 남은 인생이 10년일 수도 있을 것이다. 눈물이 핑 돈다. 이렇게 살다가 떠난다면 어떻게 될까.
   나에게는 못다 한 숙제가 하나 있다. 그것은 아내로부터의 신뢰 회복이다. 아내로부터 다음 생에도 다시 만나고 싶다는 말 한마디는 듣고 떠나고 싶다. 그러기 위해서는 내가 먼저 아내에게 다가가야 할 것이다.

여수 밤바다

여수는 우리나라의 나폴리라 불린다. 놀아언덕 해상 케이블카를 타고 여수항을 내려다본다. 바다는 잔잔한 호수처럼 아늑하다. 언덕 위 마을의 집들은 각양각색으로 칠한 지붕과 건물의 모습이 정겹다. 발아래 빨간 작은 등대가 항구의 정취를 더해 준다.

케이블카에서 본 빨간 등대는 하멜등대였다. 400년 전 이 땅을 밟은 최초의 서양 선원들은 제주도에 표류했다. 나라의 빗장이 풀릴까 봐 이곳까지 보내 살게 했던 흔적을 기려 세운 등대란다. 방파제에 새겨진 그들의 고통을 생각하니 마음이 아려온다.

어둠이 짙어질 무렵 크루즈 선착장에 도착했다. 갑판 위에는 일행끼리 삼삼오오 서로 모여 여수 밤바다 분위기에 들떠 있다. 선상에서 울려 퍼지는 음악은 경쾌하고 감미롭다. 밤이 깊어지자 바다는 푸른 바다로 변해 온갖 불빛들이 황홀하게 펼쳐진다, 힘찬 기적소리를 세 번 울리더니 크루즈는 출발한다. 사람들은 음악 소리에 맞춰 어깨춤을 들썩이며 환호성을 지르며 여수 밤바다에 빠져든다.

거북선 대교의 휘황찬란한 조명과 부둣가에서 나오는 불빛 속에 여수 밤바다는 시나브로 시나브로 익어간다. 항구를 벗어나 멀리 엑스포 광장건물에서 이색적인 조명들을 연출한다. 오동도 가로등이 그리스 신전의 기둥 같다. 어둠 속 오동도 하얀 등대에서 하얀 불빛을 쉴 새 없이 밤바다를 비춰준다.

크루즈는 또 한 번 긴 기적을 울린다. 이제 항구로 돌아간다는 신호이다. 차가운 밤바다 바람에 사람들은 객실로 들어간다. 선창에서 바라보는 여수항은 더없이 아름답다. 거북선 대교를 향해 하얀 파도를 가르며 항구로 들어가는 크루즈 선창에는 젊은 연인들만이 깊어가는 푸른 밤을 못내 아쉬운 듯 서로를 기대어 있다. 밤하늘에는 샛노란 별들만 깜빡이고 새하얀 초승달이 멀리 서쪽 하늘에 걸려 있다. 깊고 푸른 여수 밤바다는 서서히 어둠 속에 젖어 들며 빛나고 있다.

(2022. 4. 4.)

설중매

　아침부터 진눈깨비가 뿌린다. 하귀 마을 옛 돌담길을 들어서니 매화나무 두 그루가 눈발 속에 함초롬히 서 있다. 돌담 안 매화나무 가까이 가서 들여다보니 하얀 꽃이 피었다. 매화나무 가지 사이엔 하얀 꽃잎과 꽃망울이 올망졸망 달려있다. 수줍은 듯 노란 꽃술을 품은 꽃잎과 가지 끝에 매달린 꽃망울 위로 흰 눈이 소복하다. 단엽백매單葉白梅 설중매이다.

　단엽백매를 보니 상허 이태준 선생이 떠오른다. 선생은 단엽백매를 찾아서 온 장안을 헤맸다. 귀하게 백매白梅라고 사 온 매화가 나중에 꽃이 피니 붉은 홍매紅梅에다 복엽複葉이었다. 실망한 나머지 누마루에 그냥 두었더니 영하 10도의 날씨에 수선과 난초는 모두 얼어버렸다. 그런데 "홍매라도 매화는 송이마다 꽃술이 총기 있는 계집애 속눈썹처럼 또릿또릿해 주인을 반기지 않는가." 상허가 그토록 갖고 싶어 한 단엽백매는 옛 선비들이 매화의 아취雅趣를 사모한 설중매雪中梅이었으리라.

어제는 제주 헌책방 '책밭 서림'에서 구인九人 수필집 『한잔 차에 잠긴 歲月』이 눈에 띄어 사 왔다. 김병규, 서정범, 김규련 등 내로라하는 수필가들이 만든 책이다. 새벽에 서정범의 「사과」를 읽었다. 이 책에는 놀랍게도 상허 이태준의 이야기가 나아 있다. 서정범이 해주에 있을 때 이야기였다. 작가는 상허를 만날 우연한 기회라며 그가 좋아한다는 사과를 어렵사리 구해 만나러 갔다.

이태준은 사과를 보자 무척 기뻐하며 해주서는 사과를 지금도 살 수 있느냐고 물었다.… 이태준은 사과를 들면서 참 오래간만에 사과 맛을 본다고 무척 흐뭇해하는 표정이었다.
나는 궁금하게 생각하는 몇 가지를 물어보고 싶은 생각이 들었다. 과연 그가 공산주의가 좋아서 스스로 넘어왔는가를 알고 싶어서다.… 나는 의외로 솔직하게 말해주는데 용기가 나서 그가 소련을 여행하고 돌아와서 쓴 「소련기행문」은 직접 쓴 것이냐고 물었다.
소련으로 여행을 떠나기 전 기행문을 써 달라는 부탁이 있어 여행하면서 적어 두었다가 쓴 것은 사실인데 책이 나와 읽어보니 자기 자신도 깜짝 놀랄 정도로 내용이 달라져 있었다는 것이다.
—서정범 「사과」

'농토'라는 토지개혁을 주제로 쓴 글 역시 여러 번 검열을 거치면서 공산주의를 찬양하는 글이 되고 말았다. 그는 겉은 빨간 사과처럼 보였지만 속은 물들지 않았다.

겉으로는 그가 공산주의자 같아 보이지만 내가 처음이자 마지막으로 본 이태준은 '사과'였던 것이다. 그때 이태준은 껍질이 빨간 사과를 먹었다. 나중에는 껍질을 벗기지 말라고 하더니 그냥 껍질 채 먹는 것이었다. 그는 사과를 먹는 게 아니고 자기 자신을 먹고 있는 것이었다.

―서정범 「사과」

그 후 이태준은 숙청되어 인쇄공과 탄광 노동자로 살다가 아내가 죽은 뒤 행방불명되었다 한다. 이태준의 월북은 많은 문인을 안타깝게 했는데 이 수필을 읽으니 그의 월북이 사회주의의 동경만은 아니었다니 위안이 된다.

오늘은 서귀포 '소암기념관'을 찾았다. 서예가 소암 현중화 선생을 기리는 서예 전시관이다. 지난해 연말부터 소정 변관식 <몽유강산>을 전시하고 있다. 소정 변관식과 소암 현중화의 예도藝道를 감상하는 특별 전시이다. 소정은 금강산을 필묵과 필획으로 그렸고 소암은 일필휘지로 한라산을 썼다.

소정이 그린 <기명절지> 속 백매와 홍매 가지 끝에 핀 매화 향기가 퍼져 나오는 듯하다. 소암의 <매화> 작품은 "온 들녘엔 봄이 일렁이네! 梅花매화는 어디 피었나 골짝마다 찾았으나 東동쪽 담장에 빗겼네"라고 매화 시를 썼다.

설중매. 한겨울 눈 속에 핀 매화이다.

매화는 사군자 중 으뜸으로 이른 봄 추위를 무릅쓰고 제일 먼저 꽃을 피운다. 옛 선비들은 매화를 흠모해 가까이 두고 싶어 했다. 상허가 찾아 헤맸던 단엽백매나 소정이 그린 기명절지 속 매화 그림이나 소암이 쓴 매화 시는 모두 매화를 사랑하고 매화와 함께 살고 싶었기 때문일 것이다. 이들이야말로 눈 속에서 꽃을 피운 설중매가 아니었을까. 매화 향이 코끝을 스친다.

돌아오는 길에 서귀포 외돌게 부근 도예공방을 들렀다. 도예 체험을 하자며 작은딸이 예약했다. 손녀들은 작은 접시에 동백꽃 그림과 식빵 접시에 얼굴 그림을 그렸다. 작은딸도 막내 시영이의 손바닥과 발바닥을 찍은 기념 접시를 만들었다.

나는 제주도 모양의 접시에 푸른 물감으로 설중매雪中梅를 썼다. 서정범이 만난 이태준의 모습이 눈에 아른거린다.

(2023. 1. 31)

섬 그대 머물다

한림 바닷가 섬 하나
에메랄드빛 하늘 바다
하얗게 밀려오는 작은 파도
긴 방파제 끝 하얀 등대
어린왕자 보아뱀을 닮은 섬
저 섬에 가고 싶다

천 년 전 섬은 바다 가운데서 솟아올라 다섯 구멍에서 붉은 물이 닷새 동안 넘쳐흘렀다. 산이 처음 솟아오를 때 구름과 안개가 자욱하고 땅은 천둥처럼 진동했다. 사람들은 이 섬을 하늘에서 날아온 섬 비양도飛揚島라 했다.
 한림항 선착장에서 조그만 여객선을 타고 짧은 바닷길을 나룻배처럼 넘실대며 건넜다. 어느 여행객이 바람을 등지고 서쪽 해안을 걸으란다. 마을 돌담 골목길 작은 교회를 지나는데 백구白狗, 흰 진도개 두 마리가 컹컹대며 반긴다. 검은 벽돌 이층집

'쉼 그대 머물다 cafe' 왠지 한번 들어가 보고 싶다. 비양분교는 휴교 중인데 노란 잔디마당으로 금방이라도 아이들이 뛰어 나올 듯하다.

하얀 포장길을 따라 걷는다. 현무암 돌밭으로 이어지는 해변 너머 한림항이 아스라하다. 길가 백년초 군락지에 선인장이 지천이다. 바닷가 모퉁이 하얀 풍력발전기 두 대가 한가롭다. 넓은 벌판에 초승달 모양의 연못 '펄랑못'은 바닷물이 땅 밑으로 스며들어 철새들의 쉼터가 되었단다.

해변 길가 곳곳에 서 있는 둥그런 돌무덤은 사악한 기운과 불행을 막기 위해 쌓은 '거욱대방사탑'이다. 해녀들이 불을 쬐는 '불턱'은 물질에 지친 몸을 녹이는 곳이리라. 해녀들의 숨비소리가 들리는 듯하다.

검은 돌밭 가운데 '아기 업은 어미바위'가 오도카니 서 있다. 뜨거운 용암이 바다를 만나 생긴 용암 굴뚝인 '호니토'는 이 섬에만 있다. 바닷속에 '코끼리 바위'가 우뚝하다. 그 옆 작은 바위 셋이 옹기종기 모여있다.

"바다표범 같아요. 어미가 새끼들을 데리고 놀고 있는 것 같아요."

"그래요. 어미는 입을 벌리고 하늘을 보고 주변에 아가들이 놀고 있네."

"저기 바다 위에 떠 있는 건 뭐예요."

"아마 청둥오리겠지."

"떼를 지어 놀고 있네요."

비양봉 산길을 오른다. 산 쪽으로 억새풀이 노랗게 누워있다. 데크 계단에서 앞서가던 여행객을 아내가 아는 체하자 사진을 찍어 주겠다며 산 쪽으로 서란다. 멀리 산 봉우리에 하얀 등대가 보인다. 산 아래 하얀 집은 이장 집이란다.

대나무 숲길이 나온다. 대숲 터널을 지나니 「대숲에서」라는 시가 떠오른다. 그 시인은 대숲에서 떠난 여인을 그리며 시를 썼다는데 나는 아내와 함께 대숲 길을 걷는다. 한참을 오르니 비양봉이다. 산등성에는 노란 억새꽃이 겨울바람에 하늘댄다. 억새밭 사이로 난 오르막길에 올라서니 하얀 등대가 우뚝하다. 아내는 두 팔 벌려 만세를 한다. 멀리 바다 가운데 부서지는 파도 위로 꼬마 등대 하나가 떠 있다. 망망대해는 안개 속에 묻혀 있다.

산에서 내려와 이장집 앞에 핀 수선화를 아내는 쪼그리고 앉아 들여다본다. 하얀 수선화 꽃잎 사이로 가득 달린 노란 꽃술 가까이 얼굴을 묻고 향기를 맡는다. 며칠 전 눈보라가 몹시도 불던 날 수선화가 모두 얼어버려 아내는 몹시도 마음 아파했는데 이 섬의 수선화는 이제껏 멀쩡하다.

마을로 들어서 노란 집 앞을 지나는데 아주머니가 친절하게 말을 붙인다.

"식사 안 하셨으면 들어오세요. 오늘 잡아 온 '참께'도 볶아 놓았어요."

"참께 요리는 우리 집에만 있어요."

"그래요. '참게'가 아니고 참께에요."

"네, 참께에요."

"맛있겠다."

식당 안으로 들어가니 예약해 놓은 상마다 반찬들이 가득하다. 빈자리에 앉으니 반찬 한 상을 내어 온다. 아주머니가 말한 참께 요리도 내어놓는다. 조그만 참게를 발갛게 볶았다. 막걸리 한 잔을 들이켜고 참게 하나를 집어 먹어본다. 어릴 적 바다에서 잡아먹었던 그 맛이다. 보말 전복죽과 성게비빔밥을 시켰다. 조금 있으니 사람들이 몰려온다, 이 집은 이 섬의 맛집인 듯하다.

비양도는 아름다운 섬이다. 이곳에서 <봄날>이라는 드라마를 찍었단다. 포구에는 조그만 기념비가 하나 세워져 있다. 아내는 이 섬이 아주 마음에 든다며 다시 오면 이 섬에서 하룻밤 지내보고 싶단다. 밤하늘에서 별들이 쏟아질 거란다.

돌아가는 배 시간을 기다리며 이 섬에 내릴 때 본 그 카페로 갔다. 이층 카페는 조용하고 아늑하다. 커피 두 잔을 시켜놓고 창가에 앉아 바다를 내려다본다. 에메랄드빛 하늘 바다는 파도에 넘실댄다. 스피커에서 <그대그리고 나>가 흘러나온다.

지난 시절 이 노래를 배우려고 애썼던 기억이 떠오른다. 멀리 푸른 바다 위로 하얀 갈매기가 날아간다. 젊었던 그 시절이 그립다.

음악을 들으며 바닷길을 내다 보는데 해녀가 손수레에 테왁과 망태기를 싣고 간다. 이 추운 날씨에 동동거리며 가는 모습이 측은하다. 아내는 해녀가 잡아 온 해산물을 사잔다. 카페 여주인에게 말했더니 커다란 자연산 전복 하나와 소라 한 봉지를 사다 준다. 아내는 전복은 막내 손주의 이유식을 만들어 줄 거란다.

한림항에서 떠난 배가 들어온다. 긴 뱃고동을 울리며 떠나는 배에서 멀어지는 비양도를 바라본다. 섬이 점점 멀어진다. '쉼 그대 머물다' 카페 건물도 점이 되어 사라진다. 저 섬에 그리움도 내려놓는다.

(2023년 『조선문학』 6월호)

노자처럼 살고 싶다

　제주 한림 금악오름 아래 삼만 평 황무지에 '탐나라공화국'이 세워졌다. 십여 년전 물도 나무도 없는 황무지에 한 사람이 망치 하나 달랑 들고 바다를 건너 이곳으로 왔다. 이 땅이 중국인의 손에 넘어가면 중국 땅이 될 것이요 그러면 나라를 팔아먹은 놈이 될 거라며 팔을 걷어붙였다. 그가 강우현이다.

　황무지에 꽃과 나무를 심고 연못을 파고 하늘물을 받아 호수를 만들었다. 그 물은 폭포로도 변했다. 그의 상상은 현실이 되어 쓰레기는 '쓸애기'로 변해 꿈을 이루어 갔다. 헌책 도서관은 30만 권까지만 그 숫자를 헤아렸다. 책장에 꽂지 못한 책들은 책 무덤에 묻어 백 년 후엔 책 유물관으로 부르게 될 것이라 했다. 헌책 도서관은 아틀리에로 변했고 책장은 전시 공간이 되었다. 그가 한 말 한마디 한마디는 어록이 되어 시가 되고 산문이 되었다.

　그는 어느 날부터 노자에 꽂히더니 '노자예술관'을 만들었다.

중국 하남성 '노자 사상 연구소'로 날아가 노자를 외쳤다. 그곳 사람들이 진짜가 나타났다며 노자 관련 서적들과 노자의 돌까지도 기증해 주었다. 그는 노자예술관에서 매년 '노자 포럼'을 열며 '노자처럼 살면 노자가 될까.'라고 스스로 묻는다.

중국의 석학 임어당林語堂 린위탕은 "누가 인생을 가장 즐길 수 있는가."라고 그의 저서 『생활의 발견』에서 말했다. 인생을 있는 그대로 보며 평화롭게 일하고 유쾌하게 살려면 어떤 생활을 할 것인가라고 물었다. 인생을 즐길 수 있는 이상적인 성격은 따뜻한 정이 있고 근심이 없으며 용기가 있는 사람이라 했다. 이는 맹자가 말한 대현大賢의 성덕成德으로 정情 : 마음의 작용과 지智 : 사물의 도리 시비선악을 판단하는 능력. 지혜와 용勇 : 용기 결단력이라 했다. 임어당은 노자의 철학인 평화 관용 소박 지족知足을 중국인의 최고 이상으로 보았다. "다투지 않으므로 천하가 그와 다투려고 하지 않는다."라며 움직이면 추위를 이길 수 있으나 고요하면 더위도 이길 수 있어 맑고 고요함이야말로 천하의 바른 법이라 했다.

강우현은 맹자의 정情 · 지智 · 용勇을 실천코자 했다. 자신이 생각하고 말한 것은 어떠한 어려움이 있더라도 반드시 실천하고 추진하는 용기 있는 사람이다. 제주도의 '수눌음품앗이 정신'으로 정과 지로 사물을 판단하고 무슨 일이든 되게 한다.

그는 경영자이며 예술가로 돌을 깎아 조각하고 벼루에 먹을 갈아 자신의 어록을 서예 작품으로 만들었다. 서양화가로, 일러스트레이터로, 디자이너로, 붓과 망치와 용접기로 자신의 꿈을 예술로 승화시키는 진정한 예술가이자 자유인이다.

아틀리에 도자로陶磁爐에서 그를 만났다. 자신의 지나온 날들을 신명 난 사람처럼 한 시간이나 탐나라공화국 신화를 쏟아냈다. 용광로에서 펄펄 끓는 용암 한 국자를 퍼내어 위에서 부어 보였다.

"현무암은 이렇게 액체가 될 수 있어 '제주陶도자기'로 만들 수도 있지요."

그는 시류에 물들지 않고 사사로운 이익에 연연하지 않았다. 오직 그가 꿈꾸어 온 세상을 만들기 위해 묵묵히 앞만 보고 가고 있었다. 자신의 도록에 일필휘지로 쓰더니 뒤집어 보니 내 이름 석 자가 나타났다. 그가 개발한 '꺼꿀체'이다.

"최 선생, 제주 한달살이하는 동안 꼭 한 번 들르시오."

"막걸리라도 한잔 나누고 싶소."

그는 노자예술관 길목까지 나와 우리를 배웅하며 악어작품을 설명한다.

"이렇게 보면 악어 이빨로 보이지만 돌아서 보면 꽃이 되지 않소?"

"우리네 세상도 마찬가지 아니겠소. 하하하."

봄비가 내린다. 그는 직원을 불러 우의를 가져오게 했다. 우리는 우의를 입고 봄비를 맞으며 노자를 만나러 허우적허우적 걸었다. 노자예술관 길목마다 그가 만든 온갖 예술품들이 봄비를 맞으며 더욱 싱그럽게 다가온다. 돌담길을 돌아 노천 광장을 지나며 정자에 올라 무위無爲의 춤을 추어본다.

道可道 非常道 名可名 非常名 (도가도 비상도 명가명 비상명)

도를 도라고 말할 수 있으면 영원한 도가 아니고 이름을 이름이라고 말할 수 있으면 영원한 이름이 아니다.

'노자처럼 생각하고 노자처럼 먹고 자고 노자처럼 공부하고 노자처럼 살다 보면 노자처럼 될까.' 노자예술관엔 노자의 서적들로 가득하다. 골방 안 깊숙이 틀어박혀 노자를 만나 노닐 수 있으리라.

봄비에 젖어 금방이라도 쓰러질 듯한 '노자의 집' 기와지붕 아래 툇마루에 앉아 상념에 잠겨 노자를 꿈꾸어 본다. 나는 어느덧 노자가 되어 무위의 대자유인이 된 듯하다. 하얀 수염에 허연 눈썹을 휘날리며 노자가 대문을 열고 들어온다.

귀에 익은 목소리가 들린다. "어제는 없다. 내일은 모른다. 그래서 오늘이 좋다."

그는 이 시대의 진정한 노자老子가 아닐까. 나도 노자처럼 살고 싶다.

(2023. 『한국수필』 7월호)

안빈낙도(安貧樂道)

'안빈낙도'는 가난을 탓하지 않고 의롭게 살아가는 삶의 자세를 말한다. 공자는 제자인 안회를 무척 아꼈다. 안회는 매우 가난했지만, 이를 불평하지 않고 어려움 속에서도 진리를 탐구했다.

마중 카페에 뜬 초승달

푸른 밤하늘에 하얀 초승달이 떠 있다. 커다란 야자수에 가려진 마중 카페 돌담 위로 노란 조명등 불빛이 길을 밝혀준다. 길섶에는 때 이른 코스모스가 하늘댄다. 문학 행사가 끝나자 이곳에 사는 문우가 꼭 보여주고 싶은 곳이 있다며 우리를 이끈다. 택시는 낯선 도시의 밤길을 돌고 돌아 낮에 왔던 나주 향교 앞에 내려준다. 저만치 서성문西城門이 조명등 불빛에 빛난다.

일제 강점기에 지어졌다는 고가古家 두 채가 서로 마주 보고 있다. 마당 한가운데 우물 덮개 탁자에 자리를 잡는다. 사방은 어둠 속에 잠겨있다. 환하게 밝혀 놓은 건물 안엔 빈 식탁과 의자만 덩그렇게 놓여 있다.

향긋한 커피 내음이 온 뜰에 가득하다. 초승달이 뜨락 위로 젖어 든다. 오뉴월 땡볕에 달구어진 마당에 있는 우물가이지만 밤공기는 서늘하다. 저만치서 어둠 속을 헤치고 누군가 다가온다.

"이렇게 아름다운 곳을 숨겨둘 수가 없어 몇 년째 불을 밝혀 놓고 있어요."

이 집 주인이 우물 속 등을 밝혀준다.

"너무 아름다워요."

함께한 문우들이 맞장구치니 주인은 그동안의 고초를 술술 풀어 놓는다. 안타까운 이야기이다. '이곳이 서울 가까이에 있었다면 이런 풍광을 즐길 수 있을까.' 주인장은 외딴곳이라 안타깝다고는 하지만 이런 한적한 곳에 있었으니 이리도 아름답게 유지되는 것은 아닐까.

"굽은 소나무가 선산을 지킨다." 낮에 본 나주 향교의 굽은 소나무 학교가 떠오른다. 잘 생기고 곧은 나무는 요긴한 목재로 베어져 없어지지만 굽고 못생긴 나무는 살아남아 묵묵히 제 할 일을 다 한다는 말이다. 이곳 나주를 지키며 사는 사람들이 세상을 살아가는 지혜와 힘을 키워 나주의 지킴이가 되기를 바라는 마음을 가져본다. 속상해하는 주인에게 할 말은 아니지만 굽은 소나무가 되어 이곳을 지켜달라고 말해주고 싶다. 시류에 흔들리지 말고 꿋꿋하게 소신을 가지고 이곳을 지켜가면 언젠가는 나주의 명소가 되어 애오라지 선산을 지키는 소나무처럼 되지 않을까.

오늘 심포지엄 강연에서 "수필은 수처작주隨處作主의 글쓰기라 생각해 왔다. 주인이 되자면 독지篤志의 대기待機인 기다림이 필요하다. 이것은 꾸밈으로 되는 것이 아니라 온고溫故, 절문切問, 근사近思, 지신知新이라야 한다."라던 노老 교수의 말이 맴돈다.

또 다른 강연자는 아모르파티는 네 운명을 사랑하라는 말이라며 "니체는 운명에 대한 사랑은 삶에서 필연적으로 다가오는 모든 것을 아름답게 바라보는 태도이다. 필연적인 것을 아름답게 바라본다는 것은 피할 수 없는 것을 받아들이는 것이다. 곧 자신의 운명을 있는 그대로 긍정하는 마음으로 자신의 운명을 있는 그대로 인정하는 자세이다. 어차피 피할 수 없이 부딪혀야 할 운명이라면 그것을 견뎌 내야 한다."라고 했다.

어찌 문학만이겠는가. 세상의 이치가 모든 일에 '수처작주'하고 '아모르파티'를 수긍하는 자세로 살아야 운명도 극복하고 이 세상의 주인이 되는 것이 아니겠는가.

달빛 마당 한 켠 으슥한 도린곁에는 회화나무와 느티나무가 서로 엉킨 신비한 연리목이 있다. 기왓장 돌탑에는 "소원을 말해봐."라고 새긴 나무 팻말도 세워 놓았다. 조명등 불빛에 노란 달맞이꽃이 분홍으로 물들어 개양귀비꽃처럼 보인다. 초승달 아래 우리네 인생살이를 이야기하다 보니 밤이 깊어 간다.

카페를 나와 달빛 산책길을 따라 환하게 불을 밝히고 있는 관아를 보니 나주목 문화관에서 본 나주 목사 행차 행렬이 떠오른다. 당시에는 나주 목사가 이곳에 부임할 때 취타대를 앞세우고 관아의 모든 관리와 함께하는 장엄한 행렬이다. 그때는 이곳에는 밤낮없이 불야성을 이루었을 테지만, 오늘은 불타는 금요일이라는 주말인데도 나주 문화재 여행 산책길은 한적하기만 하다. 그렇지만 관아라도 남아 있는 옛 고을이 몇이나 되겠는가. 언젠가는 이 거리가 사라져가는 우리 문화의 거리로 다시금 주목받는 문화재 거리가 되는 날이 오지 않을까.

어느덧 나주목 관아를 지나 서성문에 이른다. 영금문映錦門 누각에 걸린 초승달은 어느새 달무리져 간다.

『한국수필』문학행사 (2023. 6. 23.)

불이선란

가을비가 소리 없이 내린다. 예산 들녘을 지나 사과밭을 돌아서니 추사고택이 가을비에 젖고 있다. 기왓장 솟을대문이 빗속에 함초롬히 서 있다. 사랑채로 들어서니 고택의 기둥마다 주련들로 빼곡하다. 죽노지실 툇마루에 앉아 상념에 잠겨본다. 죽노지실竹爐之室은 '차를 끓이는 화로가 있는 방'이라는 뜻이다. 사랑방 안에서 추사 선생이 화로에다 끓이는 차 향기가 풍겨올 듯하다.

안채에는 주인마님의 흔적은 보이질 않고 '大烹대팽 高會고회' 주련만이 쓸쓸하다. 추사 선생은 생애 마지막 해인 71세 때 "훌륭한 요리는 두부와 오이와 생강과 나물이고, 최고의 모임은 부부와 아들 딸과 손자의 만남이다."라고 썼다. 안채 대문 기둥 '松風송풍 山月산월' 주련이 나를 반겨준다. '松風吹解帶송풍취해대 山月照彈琴산월조탄금'이라 "솔바람에 풀어진 옷고름을 날리고, 산 위에 뜬 달은 타는 거문고를 비춘다."라는 뜻이다. 나는 십 년 전 서예에 입문하면서 이 글귀에 반해 첫 글자인 '松山송산'을 호로 삼았다.

추사기념관에선 추사예찬 특별전이 열리고 있었다. 추사작품의 개인 소장가들의 특별전이다. 추사의 소봉래각 인장, 추사가 이당에게 쓴 간찰, 이당 조면호의 글씨, 추사 서첩, 귀로재 현판 등 쉽게 볼 수 없는 선생의 작품들이다. 1층 기념품점에 내려와 둘러본다. 그중에 <불이선란不二禪蘭>이 눈에 띈다. 과천 추사박물관이나 제주 추사기념관에서도 볼 수 없던 영인影印이다.

<불이선란>, 내가 이 작품을 처음 본 것은 제주도 한 개인 박물관에서였다. 서예에 입문하여 추사체를 공부할 때 가족 여행에서였다. 유리 진열대 안에 아무렇게나 펼쳐놓은 이 작품을 보는 순간 예사롭지 않아 보였다. 낙관을 보고서야 추사의 작품인 것을 알았는데, 주인에게 진품이냐고 물었더니 그는 긍정도 부정도 하지 않고 빙그레 웃기만 했다. 과천 추사박물관에도 <불이선란>이 조각되어 2층 벽면에 새겨져 있었다. 그때 비로소 이 작품이 국보라는 사실을 알게 되었다. 그 후 나는 추사 관련 기념관이나 박물관을 들를 때마다 영인본이라도 구하려고 애를 썼다.

<불이선란>을 서재에 걸어놓고 찬찬히 살펴본다. 화제에 눈길이 간다. 추사체 특유의 행초서로 쓴 글을 위에서부터 읽어

본다. 왼쪽에서 오른쪽으로 쓴 것 자체부터 파격이다. 나는 한자의 글씨는 오른쪽에서 왼쪽으로 쓴다고 배웠고 그래야만 하는 줄 알고 있었는데 추사 선생은 이 작품에서 그 원칙을 허문 것이다.

난을 치지 않은 지 스무 해인데 우연히 그렸더니 천연의 본성이 드러 났네 문을 닫고 찾고 찾고 또 찾은 곳, 이게 바로 유마거사의 불이선이라네.
만약 누군가가 강요한다면 또 구실을 만들고 비야리 성에 있던 유마거사의 말 없는 대답으로 거절하겠다. 만향(曼香).
초서와 예서의 기자(奇字)의 법으로 그렸으니, 세상 사람들이 어찌 이를 알아보며, 어찌 이를 좋아할 수 있으랴. 구경(漚竟)이 또 제하다.
처음에는 달준에게 주려고 그린 것이다. 이런 그림은 한 번은 그릴 수 있겠지만 두 번 그려서는 불가능할 것이다. 선객(仙客)노인.
오소산이 이를 보고 얼른 빼앗아 가니 가소롭다.

'불이선不二禪'이란 『유마경』*에 나오는 선가의 가르침이다. 모든 보살이 선열禪悅에 들어가는 이야기를 했는데 유마 거사는 아무 말도 하지 않았다. 이에 모든 보살이 말과 글로 설명할 수 없는 것이 진정한 법이라 했다. 만향, 구경, 선객 노인은 모두 추사의 아호이다.
달준과 오소산이 누구인가. 달준은 강상 시절 추사의 먹동墨

童이 아닌가. 얼마나 성실하게 먹을 갈았으면 '불이선란'을 써 주려고 했을까. 오소산은 또 누구인가. 오규일은 호가 소산小山이며 대산大山 오창렬의 아들로, 전각을 잘하여 완장 도장의 상당수가 그의 소작所作이란다. 훗날 완당이 북청으로 유배 갈 때 추사의 하수인으로 지목되어 오규일 역시 귀양살이를 갔던 긴밀한 사이였다. 그는 전각을 한 지 10년 만에 눈이 멀었다 한다.

다시 한번 <불이선란>을 본다. 화제畫題의 글씨나 그림이 어딘지 모르게 추사의 기품이 서려 있어 선생을 보는 듯하다. 기나긴 유배 생활을 거치며 세파에 시달린 후에야 누구에게도 거리낌 없게 된 자기 모습일까. 난초의 잎들이 모두 오른쪽으로 기울어져 날리는데 오직 꽃대 하나만 우뚝하게 왼쪽을 향해 꿋꿋하게 서 있는 그 자태야말로 추사의 모습이 아닐는지. 그래서인가. <불이선란>은 선생의 그 많은 작품 중에 <세한도>와 더불어 추사의 대표작이 되었다.

'불이선不二禪'이란 선禪과 난蘭은 둘이 아니라 하나라는 의미로 난을 통해 선을 깨달을 수 있다는 뜻이다. 선이란 마음을 가다듬고 정신을 통일하여 깨달음의 경지에 도달하게 하는 수행법이다.

나는 왜 이 작품에 매료되었을까. 붓 가는 대로 그리고 쓴 추사 선생의 마지막 난초 그림을 보며 그 누구도 의식하지 않고 자신만을 드러낸 <불이선란>을 통하여 깊은 깨달음을 얻는다. 산전수전 다 겪고 난 추사 선생의 모습에서 나 자신을 되돌아본다.

  그동안 나의 글쓰기서에는 무엇이었을까.

  나는 불이선란을 보면서 무엇을 추구할 것인가.

  가을비는 온종일 추적추적 내리고 있다.

(2023. 11. 19.)

  *유마경(維摩經) : 초기 대승불교의 경전. 재가불자인 '유마거사'가 설법한 경전이다. "중생에게 병이 있는 한 나에게도 병이 있고 그들이 나으면 나도 낫는다."

또 다른 서울의 봄

 대설이 지나서인지 하늘은 잔뜩 찌푸려 금방이라도 눈이 쏟아질 듯하다. 겨울답지 않은 봄날이다. 아내와 영화관에 갔다. 화제의 영화 <서울의 봄>이 내 마음을 이끈다.

 1979년 12월 12일은 우리 현대사에서 빼놓을 수 없는 역사적인 날이다. 그 해 10·26사태로 국가원수가 서거하고 나라의 존속이 위태롭던 시국이었다. 신군부가 혁명을 꾀한 날이기도 하고 반란군이 쿠데타를 일으킨 날이기도 했다.
 이 영화를 보면서 수많은 인간 군상을 볼 수 있었다. 나는 시시각각으로 변하는 상황에 따라 우왕좌왕하는 사람들 속에서도 끝까지 변하지 않은 두 사람에게 주목하였다. 혁명 세력에 맞섰던 수도경비 사령관 이태신과 헌병감 김준엽의 모습이다. 그들은 혁명 세력들을 반란군이라 규정하며 끝까지 조국을 지키고자 했던 참 군인이었다.

수경사령관 이태신은 계엄사령관이 불법적으로 체포된 것을 알고는 고군분투하다 마침내 승산이 없는 싸움이라는 것을 알고 만류하는 부하인 작전 참모에게 절규하며 남긴 말이 귓전을 때린다.

"내 조국이 지금 반란군한테 무너지고 있는데, 끝까지 항전하는 군인 하나 없다는 게 그게 군대냐!"

이 얼마나 결기에 찬 참 군인의 모습인가.

반란군에 의해 곧 함락될 육군본부를 떠나는 군 수뇌부의 모습을 보며, 중과부적이라는 엄연한 사실 앞에서 떠나는 사람들을 가로막고 울부짖는 또 한 사람의 참 군인 김준엽 헌병감.

"이곳은 제가 끝까지 지킵니다."라며 곧 들이닥칠 공수부대와 맞선다. 육군본부의 헌병 병력은 경계 병력으로 초병에 불과했지만, 그는 조국을 지키겠다는 불타는 투혼을 보여주었다.

영화가 끝나고 한참을 자리에서 일어날 수 없었다. 50년 전 나의 군대 시절이 떠올랐기 때문이다. 1971년 12월에 50사단 훈련소에 입대했다. 혹독한 추위와 배고픔 속에 훈련 과정을 모두 마치고 연병장에 모여 자대 배치를 수도경비사령부로 받았다. 모두 열 명의 장병이 배속되었다. 우리는 더블백을 메고 두려움에 야간 군용열차를 타고 용산역 TMO*에 도착했다. 처음 본 서울 하늘 사이로 서울타워만 새벽 불빛에 어슴푸레 깜박이고 있었다.

　잠시 후 '스리쿼터'에 실려 수도경비사령부로 들어섰다. 위병소에는 철모에 M16 최신식 소총을 든 초병이 근무하고 있었다. 연병장에는 하얀 도복을 입고 맨발로 훈련 중인 병사들의 함성이 귓전을 때렸다. "이제 우리는 죽었구나." 하고 누군가 한숨 섞인 목소리로 내뱉었다. 하지만 사령부에서 대기하는 동안 우리는 훈련소에서의 배고픔을 한껏 채울 수 있었다.

　수경사는 지금의 남산 한옥 마을 자리에 있었다. 국가원수인 대통령의 직할 부대로 수도 서울 방어를 주 임무로 엄격한 군기와 훈련으로 단련된 대한민국 최정예 부대였다. 당시 월남에서 용맹을 떨친 윤필용 장군이 사령관으로 국군의 어느 부대보다 강한 프라이드를 가지고 복무했다. 장교는 물론 부사관과 사병들도 최우수 병력으로 최신식 장비들을 보유하고 있었다. 따라서 장병들의 사기는 하늘을 찌를 듯이 충천했다,

　나는 헌병대로 배치되어 3개월간 교육을 받고 20중대에 소속되었다. 부대 앞 필동 사거리에서 TCP* 헌병으로 근무하게 되었다. 우리의 임무는 수도경비사령부의 병력과 장비가 신속하게 이동할 수 있도록 교통신호를 수신호로 했다. 서울 시내 한복판에서 수신호로 교통정리를 하는 헌병은 장안의 명물이었다.

　몇 해가 지나 전방에서 장군 지프 한 대가 나타났다. 까만

선글라스를 낀 장군은 시골티가 풍기는 수경사 참모장으로 부임한 장태완 준장이었다. 어느 날 사령부 참모장실에서 조장 올라오라고 호출이 왔다. 나는 병장으로 조장이었는데 조원 3명 중 누군가 근무하며 참모장 차를 놓쳐 그냥 통과한 것이다. 참모장은 다짜고짜 걷어차며 똑바로 근무하라며 초병이 멍청하게 뒷짐지고 근무하면 되겠느냐고 조원들 교육 잘시키라고 했다. 작은 체구였지만 다부지고 눈에서는 불빛이 뿜어져 나왔다. 영락없는 호랑이 모습이었다.

장군으로부터 심한 질타는 받았지만 원망하지 않았다. 나태하게 근무해서 생긴 일이라 오히려 창피스러웠다. 그 후로 우리는 더욱 정신을 차려 근무하게 되었다. 멀리서 참모장 차가 나타나면 운전병도 라이터를 깜박여 주었다. 근무자는 힘을 다해 "충성~." 하고 경례를 올리며 고함을 질렀다. 그러면 참모장도 만족한 듯 손을 올려 경례를 받아 주었다.

TCP 헌병은 수도경비사령부의 얼굴이며 최일선 접점으로 고달프기 짝이 없었다. 매일 꼭두새벽 초소에 나가 밤늦게 부대로 돌아왔다. 어지간한 훈련이나 교육은 열외였다. 최정예 부대의 초병이라는 자긍심으로 복무했다.

대대장이 바뀌었다. 호남好男형 김진기 대령이 단장으로 부임했다. 그는 육군에서도 소문난 청렴한 군인이라 했다. 새로 부임한 단장은 점심 식사를 반드시 장병 식당에서 병사들과 함께 했다. 취사반에서는 점심때마다 비상이 걸렸다. 그동안 군대 짬밥이라 보통의 식사였지만 단장과 함께 식사하다 보니 취사반에서는 맛을 내기 위해 갖은 양념과 부식으로 질을 높였다. 장병들은 음식을 남기지 않고 싹싹 비웠다. 그때 지휘봉을 들고 혼자서 의젓하게 사병 식당 맨 앞자리에 앉아 식사하던 모습은 잊을 수가 없었다. '지도자는 저런 모습을 보여주어야 해.' 하고 나의 뇌리에 깊은 인상을 남겨 주었다.

<서울의 봄>에 나오는 이태신 수경사령관이 장태완 장군이고 김준엽 헌병감이 김진기 장군이다. 그들은 어떤 회유나 협박에도 흔들림 없는 참 군인이었다. 상황이 급박하게 돌아가며 누구도 나서지 않아, 자신만의 힘으로 막을 수 없다는 사실을 알고도 전혀 굴하지 않고 끝까지 참 군인으로 남았다. 그 후 신군부가 정권을 잡으며 강제로 퇴역당하고 숱한 박해로 가족들 역시 불우한 삶을 살게 되었다.

당시 전역한 지 5년이 지나 직장에서 이 사태를 지켜만 보았다. 신군부가 혁명으로 성공하고 끝까지 장태완 수도경비 사령관이 맞서고 있다는 뉴스를 접하고 마음을 졸이며 안타깝기 그지없었다. 김진기 헌병감도 직위 해제되어 고초를 겪고 있다는 소식을 듣고 애를 태우며 가슴 아팠다. 특히 그들의 가족들

이 알 수 없는 일로 유명을 달리했을 때는 참을 수 없는 분노를 느끼기도 하였다. 그런데 오늘, 이 영화를 보니 장태완 수경사령관과 김진기 헌병감의 끝까지 항거했다는 사실이 눈물겹도록 고마웠다. 그들은 그 후 어떤 회유와 협박에도 굴복하지 않고 사사로운 행동을 하지 않은 것에 대해 말할 수 없이 자랑스럽다.

지금 세계 곳곳에서는 전쟁이 일어나고 있다. 또한 호시탐탐 대한민국의 전복을 노리는 세력들이 곳곳에서 활약하고 있다. 이런 세상에 어떤 일이 벌어질지 누구도 장담할 수 없다. 우리 스스로가 준비하고 대처하지 못하면 어떻게 될지는 아무도 알 수 없다. 만약 우리에게 국가의 위기가 닥쳤을 때 이들처럼 분연히 일어나 자기 소임을 다 할 수 있는 참 군인이 몇 명이나 될까. 우리가 역사를 중시하고 교훈 삼아야 할 이유가 여기에 있는 것이다.

나는 그 시절 전역하고 직장 생활을 한 지 몇 해가 지났지만, 수도경비사령부에서 몸에 밴 군인 정신과 프라이드를 잃지 않고 내 삶의 지표로 삼았다. 시류에 휩쓸리지 않고 모든 일에 성실하고 최선을 다하려고 노력하였다. 특히 두 장군의 참 군인 모습은 평생 잊을 수가 없었다. 지도적 위치에 올라서는 두 분이 보여준 참 군인의 정신을 살려 모든 일에 솔선수범하려

노력했다. "진정한 무사는 얼어 죽을지언정 곁불을 쬐지 않는다."는 말이 있다. 그들이야말로 진정한 무사였으며 참 군인이었다.

<서울의 봄>을 보면서 그 시절 상황에 대해 다시 한번 떠올려본다. 이제 그들은 모두 이 세상을 떠나 누구의 잘잘못을 따지고 싶지는 않다. 보는 시각에 따라 모두가 나라를 위해 나섰다는 것도 잘 알고 있다. 다만 시류에 휩쓸리지 않고 꿋꿋한 군인 정신을 높이 사고 싶은 것이다.

우리가 <서울의 봄>을 보면서 교훈으로 삼아야 할 것은 유사시에 조국의 안위에 문제가 생겼을 때 분연히 일어나야 할 참군인의 모습일 것이다. 과거에 얽매여 시시비비를 따져 정파에 도움을 바라서는 안 될 것이다. 이 영화를 보면서 생각해야 할 것은 어떠한 일이 있어도 끝까지 조국을 지킬 수 있는 참 군인의 정신을 배우고 다져야 할 일인 것이다. 이것이 우리가 역사를 통해 또 '다른 서울의 봄'을 맞아야 할 사명이 아니겠는가.

영화의 자막이 올라가고 한참을 있다, 자리에서 일어났다. 밖에는 구성지게 겨울비만 내리고 있다. 아내도 이 영화를 보고 그 시절이 그립다고 했다. 그 시절 아내는 나의 '온리 유'였다.

(2023. 12. 12.)

*TMO : Transportation Movement Office 군 장병들의 수송 지원을 위해 운영하는 사무실.

TCP : Traffic Control Post 군사 교통 통제소.

는개

오늘도 는개가 내린다.

이른 봄날 새벽이면 강촌 집은 어김없이 안개로 자욱하다. 안개는 동네 어귀로부터 길을 따라 나 있는 개울에서 올라온다. 스멀스멀 올라온 안개는 사방으로 흩어져 마을로 퍼진다. 들을 지나 산마루까지 희뿌연 안개가 온 세상을 뒤덮어 아직도 어둠을 머금고 있다. 이윽고 안개는 방울이 굵어져 아래로 늘어져 거미줄 같은 줄이 되어 땅으로 내려앉으며 는개가 된다. 이런 날이면 김승옥의 『무진기행』이 떠오른다. 책장에서 책을 꺼내 조용히 읽어본다.

안개는 무진에만 있는 것이 아니다. 호반의 도시 춘천은 안개의 도시가 아닐 수 없다. 오늘같이 는개가 자욱한 날에는 자동차를 몰고 아내와 함께 집을 나선다. 호반길 곳곳에서 만나는 풍경들은 이루 말할 수 없이 깊고 그윽하다. 공지천 에티오

피아기념관 주차장에 차를 세우고 호반길을 걷는다.

　호수 넘어 중도에 있는 미루나무 숲이 실루엣처럼 어렴풋이 보인다. 운무에 쌓인 호숫가엔 오리배들이 섬처럼 떠 있다. 길모퉁이를 돌아 소양강 쪽으로 나오면 더 넓은 호수에 멀리 삼악산이 물그림자를 드리우며 우뚝 솟아 있다. 간간이 청둥오리가 떠다닌다. 청둥오리는 좀처럼 혼자서 노는 법이 없다. 언제나 둘이 함께 놀고 있다. 어쩌다 한 마리만 보여 좌우를 두리번거리면 또 한 마리가 노닐고 있다.

　한참을 소양강 강가를 걷다 보면 춘천 대교가 나타난다. 지금이야 모두가 호수지만 그 옛날에는 이곳 소양강 건너엔 또 다른 마을이 있었다. 커다란 미루나무 숲 섬 앞 강물 위에 어렴풋이 철새 떼들이 줄을 지어 길게 늘어져 있다. 얼핏 보니 오작교 다리를 놓은 듯하다. 곳곳에 시비들이 서 있고 <겨울연가> 연인이 서로 안고 있는 그림판도 세워져 있다. 그래서인가. 두 사람이 서로 만날 수 있도록 철새 떼가 오작교를 만든 걸까. 하얀 철책 위에서 산 비둘기 한 마리가 오작교를 바라보고 앉아있다.

　'소양강 처녀상'이 보인다. 치맛자락을 드날리며 서 있는 모습이 씩씩하다. 소양강 처녀는 한 손은 치맛자락을 다른 한 손은 갈대를 잡고 옷고름과 치맛자락을 바람에 휘날리며 서 있다. 아내가 받침돌에 적혀 있는 <소양강 처녀>의 노랫말을 읊

조린다.

　함께 노랫말을 따라 읽어본다. 아내는 이 노랫말 중 세 번째 구절 "달 뜨는 소양강"이 제일 가슴에 와닿는다고 한다. 아마 처녀시절의 추억이 그리워서일까. 아내는 달 뜨는 날 소양강 처녀를 보러 다시 오잔다.

　우리는 는개를 맞으며 걸어 이곳까지 걸어왔다. 모자를 벗어 옷자락에 묻은 빗방울을 툭툭 털고 커피숍으로 들어가 '스카이워크' 너머 '쏘가리 동상'을 바라보며 뜨거운 커피를 마신다.
　아내는 는개 속을 걸으며 무엇을 생각했을까. 산다는 것은 무엇일까. 우리도 서로에게 촉촉하게 내리는 는개처럼 그윽한 그리움으로 스며들 수 있을까.

　나는 너에게 너는 나에게.

　오늘 아내와 함께 는개를 맞으며 걸어 온 이 길을 감히 '춘천 제일경第一景'이라 불러본다.

(2024. 3. 11.)

남은 인생 10년

―아내의 칠순을 맞아

"나에게 남은 시간이 10년이라면 나는 무엇을 하여야 할까."

스무 살에 난치병을 선고받은 '마츠리'는 절대 연애만큼은 하지 않을 거라고 다짐한다. 그런데 중학교 동창회에 나가 삶의 의지를 잃은 '카즈토'를 만나 사랑에 빠진다. 자신의 병을 누구보다 잘 아는 그녀는 사랑에 빠지면 죽지 못할 것이라 했다. 하지만 카즈토의 구애에 어쩔 수 없이 사랑하게 되고 만다.

남은 인생 10년. "너 때문에 이 세상을 온통 사랑하게 됐어."

아내와 함께 압구정 CGV에 갔다. 목요일 오후 3시인데도 군데군데 젊은 연인들이 계속 들어온다. 영화를 보는 동안 어쩌면 나의 이야기일 수도 있겠다는 생각이 든다. 남은 인생 10년은 고희를 넘긴 사람이면 당연할 수도 있다. 단지 오늘이 영원히 이어질 거라는 착각 속에 살고 있을 따름이다.

남은 인생 10년, 이라면 무엇을 하여야 할까. 나는 언뜻 스치고 지나가는 아내의 말이 떠오른다. 다음 생에서는 절대로 만나지 않겠다는 말이. 그래서 나는 아내에게 말했다. 나는 실패한 인생이라고. 아내는 웃으면서 너무 실망하지 말라고 했다.

50년 전 아내를 만났다. 아내 나이 스무 살이고 나는 스물다섯일 때다. 어머니가 위암 말기 판정받았다. 결혼식 날 어머니는 하늘나라로 가셨다. 우리는 상주가 되어 첫날밤을 보냈다. 다섯 남매의 맏이로 동생들을 모두 출가시켰고 자식 셋을 낳았다. 이제는 손주들도 여섯이나 된다.

아내와 함께 살며 때로는 마음 아프게 한 일이 많았다. 고마워, 미안해. 사랑한다고 말할 줄 몰랐다. 직장에 충실하고 하는 일에 최선을 다하면 가장으로서 역할을 다하는 줄만 알았다. 젊었을 때는 아내를 울리기만 하고 달랠 줄도 모르고 자상한 말 한마디 건네지도 못한 것 같다.

은퇴 후에도 내가 하고 싶은 일에만 쫓아다녔다. 취미생활에 매진하는 나의 모습에 아내는 속상해했다. 영화를 함께 보고 강촌 집에서 함께 전원생활을 하며 가능하면 아내의 마음을 상하게 하지 않으려고 하는 것으로 최선을 다한다고 생각했다. 깊이 있게 아내의 마음을 헤아리지도 아내의 말을 들어 주지도 못했다.

남은 인생 10년을 생각하면 후회와 회한이 물밀듯 밀려온다.

이대로는 보낼 수는 없다는 생각이 앞선다. 이렇게 살다 어느 날 홀연히 사라질 수는 없다. 영화를 보면서 나에게도 남은 인생이 10년일 수도 있을 것이다. 눈물이 핑 돈다. 이렇게 살다가 떠난다면 어떻게 될까.

영화의 자막이 내려가고 <남은 인생 10년> 주제가가 울려 퍼진다.

심장이 몇 개나 더 있어야
내가 네 손을 붙들고
이 가슴 속으로
데려올 수 있을까

코사카 루카가 쓴 원작 소설 『남은 인생 10년』을 영화로 만들었다. 작가는 이 소설을 쓰고는 불치병으로 사망했다.

나에게는 못다 한 숙제가 하나 있다. 그것은 아내로부터의 신뢰 회복이다. 아내로부터 다음 생에도 다시 만나고 싶다는 말 한마디는 듣고 떠나고 싶다. 그러기 위해서는 내가 먼저 아내에게 다가가야 할 것이다.

(2023. 5. 3.)

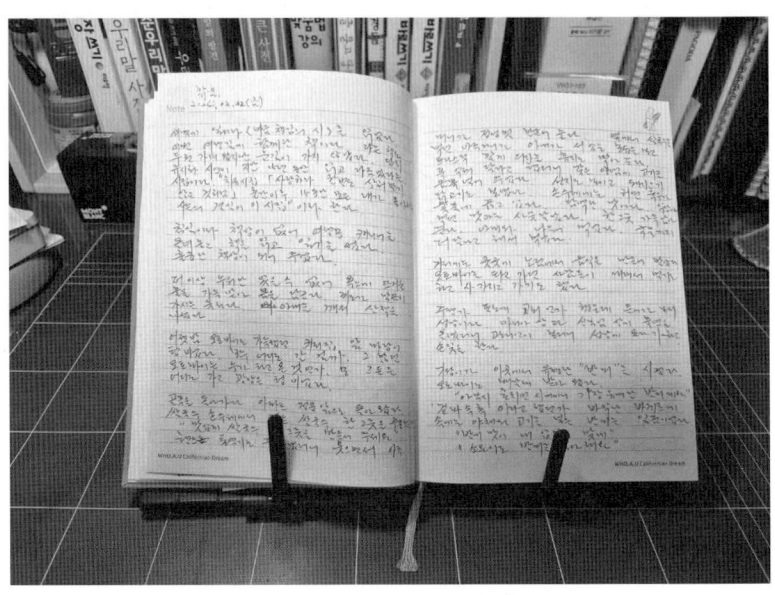

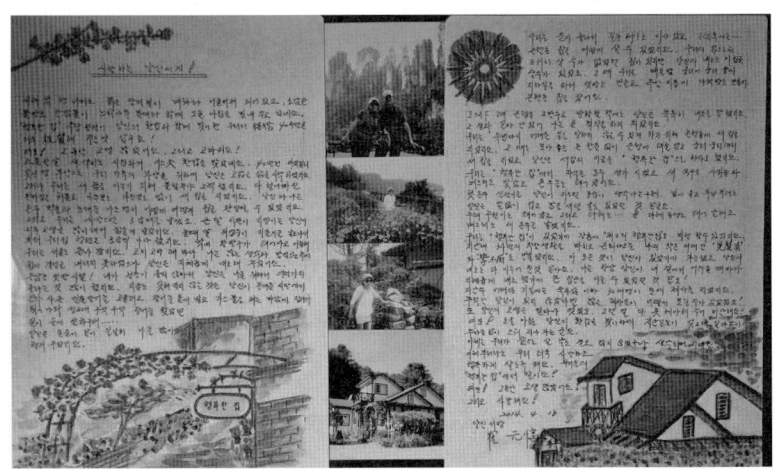

아내의 칠순

최원돈 수필집

구름방

2024년 5월 29일 초판 1쇄 발행

지은이 최원돈 | 펴낸이 김은영 | 펴낸곳 북나비
출판신고 2007년 11월 29일 제380-2007-00056호
주소 04992 서울시 광진구 자양로9길 32 4층(자양동)
전화 (02)903-7404, 팩스 02-6280-7442
booknavi@hanmail.net
블로그 www.booknavi.co.kr

© 최원돈 2024
ISBN 979-11-6011-129-3 03810

※ 이 책의 저작권은 저자에게 있으며 출판권은 북나비에 있습니다.
※ 이 책의 전부 또는 일부를 이용하시려면 저작권자와 북나비의 동의를 받아야 합니다.
※ 책값은 뒤표지에 있습니다. 잘못된 책은 바꾸어 드립니다.